돈이 된다!

ETF 월급 만들기

돈이 된다!
ETF 월급 만들기

초판 1쇄 인쇄 2022년 05월 13일
초판 2쇄 발행 2024년 01월 30일

지은이 · 투생(이금옥)
발행인 · 강혜진
발행처 · 진서원
등록 · 제 2012-000384호 2012년 12월 4일
주소 · (04021) 서울 마포구 동교로 44-3 진서원빌딩 3층
대표전화 · (02) 3143-6353 / **팩스** · (02) 3143-6354
홈페이지 · www.jinswon.co.kr | **이메일** · service@jinswon.co.kr

편집진행 · 임지영 | **기획편집부** · 한주원, 최고은
표지 및 내지 디자인 · 디박스 | **종이** · 다올페이퍼 | **인쇄** · 보광문화사 | **마케팅** · 강성우

ISBN 979-11-86647-88-2 13320
진서원 도서번호 21015
값 18,000원

100만 월재연 열광! 'ETF 풍차 돌리기'로 10% 수익 무한창출!

돈이 된다!

ETF 월급 만들기

투생(이금옥) 지음

진서원

초등학생도 이해할 정도로
술술 풀어준 ETF 책!

마음 졸이는 투자가 힘들다면? 저축처럼 쉬운 ETF가 정답!

저축은 예·적금의 가입기간, 금리, 납입액 등만 따지면 되기에 크게 고려하거나 분석할 것이 없다. 또한 착실하게 만기만 채우면 안전하게 원리금(원금+이자)을 받을 수 있기에 원금손실의 위험도 없다. 하지만 투자는 주가지수, 환율, 금값, 국제유가 등 고려해야 할 것도 많고 기업현황, 재무지표, 주가전망 등 분석해야 할 것도 많다. 게다가 예측하기 힘든 시장의 변화에 출렁거리는 수익률을 보면 원금손실의 걱정이 절로 생긴다.

그렇다고 투자를 지레 포기해서는 안 된다. 왜냐하면 투자도 잘 찾아보면 저축처럼 쉬우면서 마음 편하게 할 수 있는 방법이 있기 때문이다. ETF는 주식과 펀드의 장점을 결합한 금융상품으로, 특정지수를 추종하고 다양한 금융상품에 자동 분산투자되기에 그리 어렵지 않다. 또한 매달 소액으로 저축하듯이 투자가 가능하며 중장기적으로 안정성과 수익성이 매우 뛰어나므로 마음도 한결 편하다.

금융전문가는 많아도 ETF 전문가는 드문 현실

하지만 많은 분들이 ETF를 잘 모르고 낯설게 느끼는 것 같다. 이름에 영어가 들어가서일까? 그래서 《맘마미아 월급 재테크 실천법》, 《맘마미아 푼돈목돈 재테크 실천법》, 《맘마미아 가계부》 등을 출간한 후 제대로 된 ETF의 길라잡이가 될 책도 집필하고 싶었다. 하지만 회원수가 80만명이 넘는 '월급쟁이 재테크 연구' 카페(줄여서 월재연)와 외부채널(블로그, 포스트, 유튜브 등)을 운영하는 데만도 시간적·체력적 한계에 봉착했기에 나보다 훨씬 훌륭한 적임자에게 배턴을 넘겨드리는 것이 맞다는 생각이 들었다.

투생님과의 첫 만남이 떠오른다. 수수하면서 겸손한 모습 이면에 감춰진 15년 넘게 쌓인 투자내공은 놀라웠다. 그리고 "ETF 금융권 종사자들의 이야기를 들어보면 수박 겉 핥기인 경우가 많더군요. ETF에 대해 제대로 알려주는 사람이 없다는 사실이 안타까워요." 이 말도 기억에 남는다. 투생님이 진행한 ETF 특강의 후기를 보면 "초등학생도 이해가 될 정도로 쉬웠어요." "ETF에 어떻게 투자해야 할지 속 시원하게 답을 얻었어요!" 등 칭찬 일색이었다. 많은 분들의 ETF 투자를 성공으로 이끌어줄 적임자라 확신했다.

직접 부딪치고 터득한 진짜 ETF 실전투자가의 책!

이 책에는 투생님이 직접 부딪치고 공부하면서 터득한 'ETF로 월세 수익 버는 비법'이 총망라되어 있다. 첫째, ETF 풍차 돌리기 1~3단계를 차근차근 실천하면 수익률이 3~5배 증대되는 경험을 하게 될 것이다. 둘째, 투자성향에 맞는 똘똘한 ETF 고르는 방법과 ETF 수익률을 높이는 계좌 활용법을 습득하면 더욱 안전하고 확실하게 제2의 월급을 만들 수 있을 것이다. 그리고 셋째, 투생님의 실전투자 사례를 엿보면 시행착오를 줄이고 ETF 고수로 가는 지름길을 찾을 수 있을 것이다.

끝으로, 직장생활을 병행하며 집필이라는 쉽지 않은 결정을 해준 투생님과 이 책이 만들어지기까지 진심 어린 노력을 해준 진서원 출판사에 감사드린다. 아울러 항상 투생님에게 따뜻한 응원과 격려를 보내준 '월급쟁이 재테크 연구' 카페 회원분들에게도 고마움을 전한다.

맘마미아 ('월재연' 카페 주인장)

은퇴 후 삶이 더 기대되는 투자자

70대의 나는 어떻게 살아가고 있을까?

최근 TV에서 쪽방에 사는 70대 할아버지의 인터뷰를 보았다. 그는 일용직 노동자였지만 이제는 나이가 많아 아무것도 하지 못한 채 시간만 보내고 있었다. 젊었을 때는 수입이 있어서 가족들과 사는 재미가 있었다던 할아버지는 지금은 운동 삼아 공공근로 일이라도 하고 싶지만 그마저도 아무나 할 수 있는 일이 아니라고 말했다. 그는 정부 보조금으로 근근이 살아가고 있는데, 더 가슴 아픈 건 수입이 없으니 앞으로 어떤 것도 계획할 수 없다는 말이었다. 미래에 대해 기대나 희망을 가질 수 없고 그냥 살아가는 것이었다. 무의미하고 무료한 삶이다.

70대에 나는 어떻게 살아가고 있을까? TV만 보면서 하루하루 때우듯 살고 싶지는 않다. 그래서 나는 은퇴 후 투자자의 삶을 계획하고 있다. 친구들과 크루즈 여행도 할 것이니 매달 저축도 해야 하고 당연히 공부와 투자도 실천하고 있다. 아무런 준비 없이 절망적인 노인이 되어 우울증에 빠지고 싶지 않기 때문이다.

'투자한다'는 것의 장점

40대 후반부터 은퇴라는 말을 떠올렸고, 50대에 체력이 급격히 나빠지면서 은퇴가 현실로 다가왔다. 일반적으로 적당한 은퇴자금은 자신의 연봉에 20을 곱한 금액이라고 한다. 은퇴자금 준비도 잘해야 하지만 가장 중요한 게 건강이다. 건강하면 오래 일할 수 있고, 일하다 보면 규칙적인 하루하루를 보내게 된다. 나이가 들면 아무리 돈이 많더라도 일하는 것이 가장 행복할 것이다.

나에게는 투자가 바로 그 일이다. 투자의 가장 큰 장점은 수익이 나오고 생활비로 쓸 수 있다는 점이다. 하지만 그 외에도 계속 공부를 하게 되니 치매 예방도 되고 여러모로 유익하다. 무엇보다 적은 시간을 들여서 수익을 얻을 수 있기 때문에 여유시간이 확보되고 다른 취미생활도 누릴 수 있게 해준다. 우울증에 빠진 노인의 모습과는 거리가 멀다. 대개 70대까지는 충분히 투자를 할 수 있다고 한다. 90살이 넘은 워런 버핏도 여전히 현역이다.

평생 현역인 할머니 투자자가 되기 위하여

미래는 아무도 모른다. 하지만 준비한 사람과 그러지 않은 사람은 완전히 다른 삶을 살게 된다. 나는 불과 몇 년 전까지만 하더라도 은퇴 이후 쓸 돈이 부족할까봐 불안감을 자주 느꼈다. 다른 직업을 가져야 할지 아니면 뭔가 새로운 것을 배워야 할지 고민도 많았다. 하지만 투자를 본격적으로 시작하면서 늙어서 쓸 돈이 부족하거나 직업이 없어서 무료하겠다는 걱정은 사라졌다. '투자하면 된다'는 생각이 안도감을 주었기 때문이다. 할머니 투자자를 꿈꾸는 나는 정말 운이 좋은 사람이다.

투생

100만 월재연 열광! 10% 익절의 기적!
제2의 월급을 만드는 ETF 풍차 돌리기

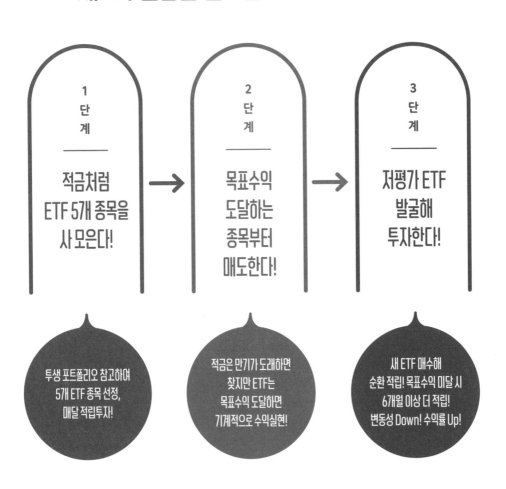

1단계

적금처럼
ETF 5개 종목을
사 모은다!

투생 포트폴리오 참고하여
5개 ETF 종목 선정,
매달 적립투자!

2단계

목표수익
도달하는
종목부터
매도한다!

적금은 만기가 도래하면
찾지만 ETF는
목표수익 도달하면
기계적으로 수익실현!

3단계

저평가 ETF
발굴해
투자한다!

새 ETF 매수해
순환 적립! 목표수익 미달 시
6개월 이상 더 적립!
변동성 Down! 수익률 Up!

ETF 풍차 돌리기를 반복하면 수익률 최대 5배까지 Up!

나에게 맞는 ETF 투자법은?

1
안전제일
보수적 투자자

⬇

지수 ETF 30%
채권 또는 달러 ETF 30%
현금 (예·적금, CMA, MMF 등) 40%

지수 ETF : 채권 : 현금
▼
30% : 30% : 40%

위험자산인 주식형 ETF와 안정자산인
채권/달러 ETF를 30% 같은 비율로 보유!
추가 매수 위해 현금 40% 보유 추천!

2
수익추구
공격적 투자자

⬇

채권 또는 달러 ETF 10%
현금 (예·적금, CMA, MMF 등) 20%
지수 ETF 50%
테마 ETF 20%

테마 ETF : 지수 ETF : 채권 : 현금
▼
20% : 50% : 10% : 20%

안정자산인 채권/달러 ETF와 현금의
비중을 줄이고, 위험자산인
주식형 ETF(테마, 지수형)의 비중을 높인다!

3
백세인생
노후대비 투자자

⬇

지수 ETF 30%
채권 또는 달러 ETF 30%
현금 (예·적금, CMA, MMF 등) 40%

지수 ETF : 채권 : 현금
▼
30% : 30% : 40%
+
ISA/연금저축펀드/퇴직연금 계좌로 투자

위험자산, 안정자산, 현금을
30%, 30%, 40%로 유지,
수익률 높이는 비과세 계좌 활용

셋째마당   ETF 수익률 높이는 계좌 활용법   **114**

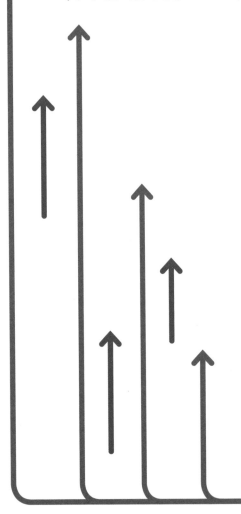

돈이 된다! ETF 월급 만들기

첫째마당

나는 ETF 투자로
월세만큼 번다!

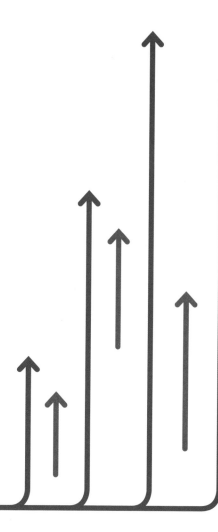

돈이 된다! ETF 월급 만들기

01

닷컴버블 때
전 재산을 잃은 이유

원칙도 없이 무작정 투자한 게 화근

2000년대 초 닷컴버블 때 나는 기본지식이 전무한 상태로 투자에 뛰어들었다. 남들 다 투자하는데 혼자 바보처럼 느껴져서 무작정 투자를 시작했고 결과는 처참했다. 금융문맹 상태로 항상 '쌀 때 매수할걸', '수익 났을 때 매도할걸'이라 생각하며 타이밍만 노렸다. 매일 변하는 수익률에 일희일비했고 손실이 나면 바람 앞의 촛불처럼 어쩔 줄 몰라 두려워했다. 몇 년 동안 성실히 어렵게 저축으로 모은 돈을 거의 다 잃어버리는 데는 1년이 채 걸리지 않았다.

그때의 나는 실패의 원인보다 결과만 생각했고 결국 투자는 나의 영역이 아니라는 결론을 내렸다. 시간이 꽤 흐르고 나서야 손실의 원인이 무지, 무경험,

무원칙으로 무장한 내 자신이란 것을 깨달았다. 세상 어떤 일이든 원칙을 세우고 그 원칙을 지키는 것이 성공의 비결인데 나는 어리석게도 타이밍만 노리다 돈을 잃는 악순환에 빠졌던 것이다.

마음을 다잡기 위해 경제공부를 시작하다

투자는 '돈'과 직결된 일이고, 돈을 잃지 않는 것이 첫 번째 목표가 되어야 한다. 이를 위해 투자의 역사를 공부하고 수백 년 동안 되풀이되어 온 금융패턴을 머리와 몸에 깊숙이 새겨야 한다. 하지만 읽었던 책을 펼쳐서 다시 볼 때마다 이런 내용을 정말 읽은 적 있나 싶었다. 고등학교 때 열심히 단어를 외워도 매일 그 단어들을 사용하지 않으면 머릿속에서 빠져나가는 것처럼, 몇 달 전에 읽은 책을 다시 읽어보면서 '아, 이래서 투자는 95%가 실패하는 패자의 게임이라고 하는구나'를 실감한다. 하루만 공부를 안 해도 투자의 기본적인 규칙들이 머릿속에서 다 사라져버리는 것이다.

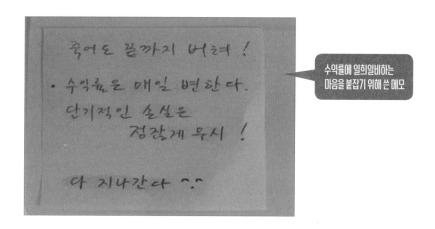

수익률에 일희일비하는
마음을 붙잡기 위해 쓴 메모

수익률에 일희일비하는 마음을 붙잡기 위해 눈에 띄는 곳에 '평가금액은 항상 변한다. 단기적인 손실은 무시!'라는 메모를 해서 붙여 놓았다. 투자의 90%는 마음을 다스리는 일이며 극도의 정신노동이다. 나는 흔들림 없이 평상심을 유지하기 위해 매일 신문 기사 한두 개, 책 한두 페이지라도 보며 기억하고 싶은 내용과 느낀 점을 정리하기 시작했다.

투자는 평생 부업, 나처럼 소심한 투자자를 위하여

물론 우리들 대부분은 생업이 있고 투자에 대해 공부할 시간을 따로 내기가 어렵다. 내게 투자는 매일 한두 시간 정도 최소한의 시간 투자로 하는 부업이다. 그래서 지금의 직업은 할 수 있을 때까지 계속하고 투자공부로 내공을 쌓으며 지속적으로 작은 수익을 얻으려 한다. 이렇게 소소하게 투자하다가 멋진 기회가 오면 놓치지 않기 위해 준비를 하는 것이다.

나는 은퇴 후에도 멋지게 노년기를 보내기 위해 공부와 소액투자 실천을 중단하지 않을 것이다. 눈이 침침하다, 컨디션이 나쁘다, 내일 읽자 등 평계를 대면 신문과 책읽기를 건너뛰게 된다. 따라서 오늘 해야 할 일을 미루지 않으려 노력한다. 변명을 시작하면 어떤 일도 할 수 없기 때문이다.

벤저민 그레이엄은 투자자의 가장 큰 적은 바로 자신이라고 했다. 나는 큰 돈을 이때다 생각되었을 때 한 번에 밀어 넣을 수 있는 대범한 성격이 아니다. 순발력도 부족하다. 그러니 투자 타이밍을 노리는 것은 내가 할 수 있는 일이 아니라고 판단했다.

그래서 나 같은 성향의 사람들은 ETF 투자가 적합하다고 생각한다. 자신에게 맞는 옷이 편한 것처럼 마음 편하게 투자를 실천해야 성공 확률이 높아진다. 사실 내가 투자하는 방식은 간단하다. 평범한 사람들도 쉽게 따라할 수 있다. 지금부터 본격적으로 그 얘기를 시작하려 한다.

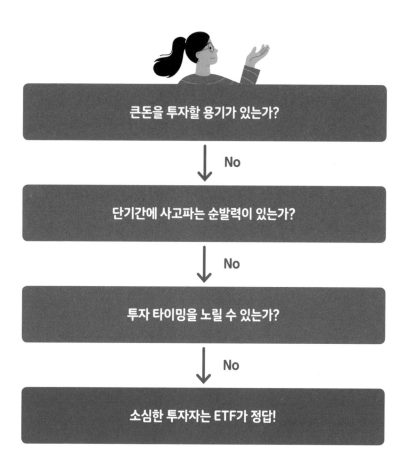

02

대출 안 받아도
소액 투자로 월세만큼 번다

부동산으로만 월세 수익을 낼 수 있다는 것은 편견!

ETF 투자를 연습하면서 그 내용을 기록해왔는데, 이 과정에서 매달 소규모 부동산 투자 월세 수익을 내는 게 어렵지 않다는 것을 확인했다.

종잣돈 1억원을 모아서 부동산에 투자해 월세 수익을 얻는 경우를 예로 들어보겠다. 기간과 상환방식의 차이가 약간 있지만 대출금 2억원을 추가로 동원했을 때 연 3% 대출이자 비용은 대략 50만원이다. 이렇게 비용을 투자한 후 세입자를 들이기 위해 세 가지 보증금과 월세 조건을 내걸었다. 이 중 가장 좋은 사례는 오른쪽 표에서 ❸번이다. 보증금 1,000만원에 월세 80만원으로 세입자를 받으면 대출이자 50만원을 제하고 매달 30만원의 순수익을 거둘 수 있

경기도 외곽 3억원 소형 아파트 매수 예시

총투자금	종잣돈	1억원	
	대출금	2억원	월 이자 연 3% (약 50만원)
수익	월세 수입 (보증금 / 월세)	❶ 3,000만원 / 50만원 ❷ 2,000만원 / 60만원 ❸ 1,000만원 / 80만원	

❸번의 경우로 월세를 받는다면? 대출이자 빼면 매달 30만원 순수익!
(공실 가능성 + 부동산 수수료 + 보유세 등 고려하지 않음)

다. 꽤 괜찮은 조건이다. 물론 앞으로 부동산이 오르면 시세차익까지 생길 수도 있다. 하지만 모든 자산은 사이클이 있고 상승이 아닌 그 반대의 상황이 올수도 있다. 게다가 부동산은 공실 가능성도 상존하며 세금과 건강보험료 같은 보유비용도 발생한다. 최근에는 금리상승 사이클의 시초이기 때문에 이자비용이 감소할 가능성은 거의 없다. 대출이자가 1%만 더 올라 연 4%면 매달 부담해야 할 이자는 66만6,000원이 된다. 위 시뮬레이션은 그런 비용을 다 고려하지 않고 최적의 상황을 가정했을 때의 예시다.

ETF는 최고로 가성비 좋은 투자!

부동산은 말 그대로 움직일 수 없는 투자자산이고 주식처럼 세계 어디서나 동일한 가격에 사고팔 수도 없다. 호황과 불황 모두 양방향의 과장 국면이 있고 수익의 핵심은 항상 타이밍에서 결정된다. 투자금 크기만 봤을 때 부동산과 ETF는 비교가 안 된다. 부동산은 매매비용이 커서 대출도 불가피하다. 반면 ETF 투자는 몇백만원 정도의 소액으로도 몇십만원 수익을 얻을 수 있어 부동산에 비해 가성비가 매우 높은 투자다.

투자사례 : 푼돈으로 부동산 월세만큼 벌었던 ETF

ETF 종목	투자금(원)	수익(원)	수익(연)	투자기간	분류
TIGER 200	2,050,900	143,115	6.9%	10개월	국내지수 ETF
TIGER 헬스케어	2,895,584	284,416	9.82%	11개월	국내테마 ETF
KODEX 미국FANG 플러스(H)	963,822	118,860	15.05%	2개월	해외테마 ETF
KODEX 차이나심천 ChiNext(합성)	1,021,435	196,975	19.28%	5개월	해외지수 ETF
TIGER 차이나HSCEI	3,480,425	267,905	7.3%	12개월	해외지수 ETF
TIGER 미디어컨텐츠	2,376,685	163,355	6.9%	3개월	국내테마 ETF
KODEX 2차전지산업	751,761	164,433	22%	3개월	국내테마 ETF
KOSEF 인도Nlify50 (합성)	360,770	95,230	26%	6개월	해외지수 ETF
KOSEF 미국달러선물	3,723,306	193,544	5.2%	19개월	해외파생 ETF
KODEX 골드선물(H)	1,591,277	155,273	9.76%	18개월	해외파생 ETF

소액으로 틈틈이 사 모은 후 목표수익에 달성하면 매도했던 ETF 종목들. 투자기간이 짧으면 몇 개월, 길어도 2년이 채 안 된다.

왼쪽 페이지의 표는 내가 공부 삼아 연습투자를 해서 얻은 수익 결과다. 매달 많지 않은 돈을 틈틈이 적립해서 ETF를 사들였고 목표수익에 도달하면 매도했다. 몇십만원에서 몇백만원으로 투자를 시작했고 1년도 채 되지 않아 웬만한 부동산 월세만큼 수익이 발생했다. 내가 한 것이라고는 여유자금이 생기면 자유적금처럼 ETF를 사서 모으다가 적당한 수익이 났다고 생각하면 모두 팔아서 수익을 실현한 것이다. 별다른 투자기술이 필요하지 않았다.

나는 여러 ETF 종목으로 연습투자를 하면서 부동산으로만 월세 수익이 가능하다는 편견을 버릴 수 있었다. 몇천원, 몇만원 정도의 적은 돈은 시간제 일을 하더라도 누구나 투자할 수 있다. ETF 투자의 가장 큰 준비물은 하려는 마음과 의지다. 수업료를 낸다 생각하고 지금 당장 ETF 투자를 시작해보자. 경험이 부족해서 손실이 나도 외식 한 번 했다고 생각하면 된다. 포기하지 않고 계속하다 보면 어떻게 해야 하는지 요령이 생긴다. 투자패턴을 몸에 익히면 ETF 투자로도 부동산 월세를 받듯 매달 일정한 수익을 거둘 수 있다.

03

누구나 쉽게!
ETF 3단계 투자법

세상에서 가장 심플한 ETF 투자

복잡성은 실천의 적이다. 투자도 Simple is the Best, 단순한 것이 최고다. ETF 투자방법은 다음과 같이 3단계의 과정을 거치는 것으로 요약된다. 이런 단순한 방법을 알아도 지금 당장 실천하지 않으면 무용지물이다. 투자는 방법이나 전략보다 실천이 훨씬 더 중요하다는 것을 잊지 말자.

| 1단계 | 적금처럼 ETF 사 모으기

지금 당장 누구나 실행할 수 있는 투자방법은 그냥 저축하듯 투자하는 '정

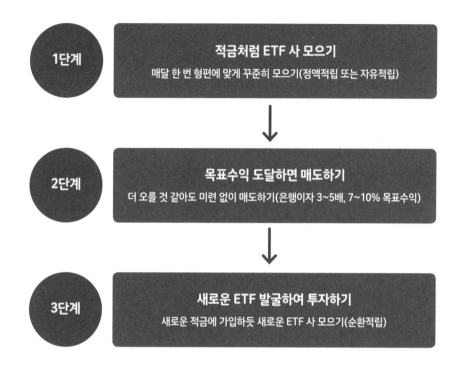

1단계 | 적금처럼 ETF 사 모으기
매달 한 번 형편에 맞게 꾸준히 모으기(정액적립 또는 자유적립)

2단계 | 목표수익 도달하면 매도하기
더 오를 것 같아도 미련 없이 매도하기(은행이자 3~5배, 7~10% 목표수익)

3단계 | 새로운 ETF 발굴하여 투자하기
새로운 적금에 가입하듯 새로운 ETF 사 모으기(순환적립)

액적립식' 방법이다. 은행의 정기적금 방식을 떠올리면 된다. 월급날 수입의 10%든 20%든 형편에 맞게 국내 지수 ETF나 미국 지수 ETF를 1년 열두 번 적금이라고 생각하고 사 모으면 은행 이자 세 배는 어렵지 않게 얻을 수 있다. 내가 3년 전 연습 삼아 투자했던 국내 지수 추종 TIGER200도 1년 정도 되니 약 7% 가까이 수익에 도달했다.

ETF 종목	투자금(원)	수익(원)	수익(연)	투자기간	분류
TIGER 200	2,050,900	143,115	6.9%	10개월	국내지수 ETF

물론 이렇게 투자했는데도 목표수익이 발생하지 않을 수 있다. 그러면 6개월이나 1년을 더 사 모으자. 수익 날 확률은 90% 이상이다. 일정한 수입이 없어서 정액적립식을 할 형편이 안 되면 자유적금처럼 적립해도 된다.

| 2단계 | 목표수익 도달하면 매도하기

인덱스 펀드의 창시자로 자산운용사 뱅가드그룹 CEO였던 존 보글은 '아무것도 하지 말고 그냥 거기 있기만 하면 된다'고 했는데, 지수 ETF에 매달 수입의 일정 부분을 형편에 맞게 적금하듯 모으기만 하면 투자수익은 복리이기 때문에 수익이 날 확률이 높다. ETF 적금식 투자는 은행이 정한 이자를 받는 것이 아니라 자신이 정한 이자가 생길 때까지 기다려야 하는 셀프적금이다. 수익이 언제 날지 정확하게 알 수 없고 투자기간이 정확하게 얼마 동안인지 알 수 없기 때문에 되도록 절대 꺼내 쓸 필요가 없는 적은 돈으로 투자해야 한다.

이런 식으로 적립하며 가만히 있기만 해도 시간이 수익을 만들어준다. 단, ETF 종목을 모으는 과정에 이런저런 전망과 소음에 휩쓸려 매달 투자를 하지 않거나 과한 욕심을 부리면 손실을 볼 수 있다. 다시 말하지만 그냥 적금하듯 ETF를 모으며 가만히 있으면 된다. 그러다 스스로 만족스러운 수익률에 도달하면 적금이 만기가 되었다고 생각하고 모두 매도해 수익을 손에 넣으면 된다.

| 3단계 | 새로운 ETF 발굴하여 투자하기

적금을 찾고 또다시 다른 적금에 가입하듯 새로운 ETF 종목을 발굴하여 투자하는 방식은 '순환적립식'이다. 순환적립식이 귀찮으면 은퇴할 때까지 매도하지 않고 비과세나 절세 계좌로 모으기만 해도 된다. 물론 이 과정에서 크게 수익률이 내려도 신경 쓰지 말고 계속 하던 대로 꾸준히 사 모으기만 해도 평균매입단가 인하효과(코스트 에버리징 효과◆)를 거둘 수 있어 장기로 갈수록 손실 확률은 거의 없다. 정액적립식으로 투자하면 수익률의 변동성을 줄여 안정적으로 주식시장 연평균 수익률인 약 7% 이자수익을 손에 넣을 수 있다. 결국 투자수익은 똑똑한 사람이 아니라 엉덩이가 무거운 사람이 얻는 것이다.

초보자라면 지수 ETF에 투자해보자. 지수 ETF는 한 종목에 몇만원으로 투자하면 누구나 아는 비싼 우량주에 자동으로 분산투자하게 된다.

**국내지수 ETF TIGER 200
포함된 상위 10개 종목**

□ 삼성전자   □ LG화학
□ SK하이닉스   □ 현대차
□ NAVER   □ 셀트리온
□ 카카오   □ 기아
□ 삼성SDI   □ KB금융

TIGER 200

평가손익	143,115
수익률	6.98%
진고평가금액	2,194,015
매수금액	2,050,900
잔고수량	73
매수단가	28,094
현재가	30,055
가지급이자	
이자포함수익률	
연환산수익률	

사진을 찍고 투자 기록을 남겨 두면
투자 학습과 패턴 인식에 좋다.

◆ **코스트 에버리징(cost averaging) 효과**: 시기 다른 때 투자금을 나눠서 분산투자하면 주가가 높을 때는 적은 주식수를 매수하고 주가가 낮을 때는 더 많은 주식수를 매수하게 되어 평균 매입단가가 낮아져 수익률 변동성이 줄어 더 안정적으로 투자하게 된다.

가장 먼저 할 일은 성공 확률 높은 투자자산을 선택하는 것!

중학교 때 배운 '수요와 공급'이라는 경제 원칙을 떠올려보자. 비쌀 때는 원하는 사람들이 너무 많아 수요가 늘어 가격이 한동안 계속 상승한다. 이럴 땐 영원히 오르기만 하고 절대로 가격이 떨어지지 않을 것 같지만 신기하게도 몇 달 후, 늦으면 1년 후에라도 내리는 때가 꼭 온다.

투자를 하다 보면 생각보다 오래 가격이 오를 것만 같아서 비싸질 대로 비싼 자산을 매수했는데 어느새 하락해버려서 '좀 더 기다렸다 살걸' 하고 후회한 경험이 많다. 또 내리기만 해서 절대 오를 것 같지 않다가 어느새 가격이 오르면 '쌀 때 사둘걸' 하고 후회하게 되는 것 역시 투자하며 흔하게 하는 경험이다.

평가금액 손실이 발생하면 경험이 많지 않은 투자자들은 기분이 한없이 가라앉고 우울감에 빠지지만 좋은 투자 종목은 결국 시간이 흐르면 제 가치를 만회해 오른다. 이런 사실을 알면 단기간의 손실에 민감하게 반응하지 않고 평상심을 유지할 수 있다.

이렇듯 기다리면 싸게 살 수 있는 날은 분명히 온다는 것과 심하게 하락할 때 사두면 어느새 올라 차익을 얻을 수 있다는 단순한 사실을 꼭 기억해야 한다. 결국 인내심이 바닥날 정도로 기다릴 수 있다면 투자라는 장사는 손해 보지 않는다. 단, 성공 확률이 높은 투자자산을 선택하는 것이 중요하다. 그런 투자자산을 선택할 수 있는 안목을 가지기 위해 공부하는 것이고 공부하지 않고 투자를 하겠다는 사람은 공짜를 바라는 것이다. 다시 말하지만 이 세상에 공짜는 없다. 자신이 한 만큼 얻게 된다.

왕초보는 ETF 적립식 분할매수가 최선!

모든 물건은 싸게 사야 이득이 커진다. 주식과 관련 투자상품도 마찬가지다. 아래 A의 경우처럼
한 번에 매수(거치식 투자)하는 것보다 B의 경우처럼 세 번에 나눠서 분할매수(적립식 투자)하면
평균값이 내려가 같은 수의 주식을 사더라도 더 적은 비용이 든다. 즉 손실 위험은 줄이고 안전하
게 수익 낼 확률(안전 마진)이 커진다.

> **A (거치식 투자)** : 10,000원에 한꺼번에 매수 × 10개 = 총 100,000원 매수
> **B (적립식 투자)** : 10,000원에 3개 + 8,000원에 3개 + 5,000원에 4개 = 총 74,000원 매수

다음은 시간과 가격을 변수에 놓고 ETF를 적립식 분할매수했을 때 수익률을 비교한 것이다. ❶
은 같은 가격일 때 분할매수한 경우이고 매수 가격이 같아 시간을 분할매수해도 수익률이 0%다.
하지만 항상 가격이 동일한 상태인 투자자산은 없다. ❷는 가격이 내려 투자수익이 마이너스였
을 때도 같은 금액을 분할매수해 수익률은 9.4%다. ❸은 가격이 내리면 더 매수하고 오르면 덜 매
수하는 전략 분할매수로 수익률은 11.8%다. 하지만 어느 누구도 투자 중인 ETF 종목이 언제 오
르고 내릴지 알 수 없다. 따라서 초보자는 타이밍을 노리지 말고 매달 1회씩 적금을 붓듯 꾸준히
ETF를 매수하면 여러 가격대에 사서 평균매수 가격이 내려 결국 수익이 발생할 확률이 좋아진다.

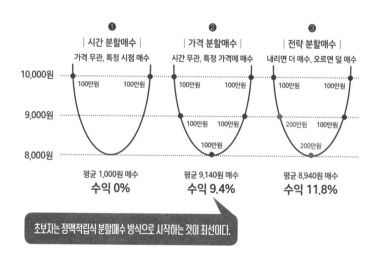

초보자는 정액적립식 분할매수 방식으로 시작하는 것이 최선이다.

ETF 투자 기간은 1년, 목표수익은 10%

투자도 사고파는 일이란 것을 명심!

투자를 장사하는 것이라고 생각하면 이해하기 쉽다. 장사로 돈을 벌려면 당연히 이익을 남기고 팔아야 하는데 투자에서는 이를 안전 마진이라고 말한다. 장사에서 밑지고 팔면 손해다. 투자에서는 밑지고 파는 걸 원금 손실이라 한다.

다시 말해 장사꾼이 좋은 물건을 싸게 사와서 비싸게 팔면 이익이 남듯이 투자자는 좋은 투자상품을 저렴한 가격일 때 사서 비싸지면 팔고 수익을 얻는다. 이 단순한 원리만 잊지 않는다면 투자는 실패하지 않는다.

ETF 투자는 목표수익과 기간을 정하는 셀프적금

투자자는 스스로 좋은 투자상품을 식별할 수 있는 판단력이 있어야 한다. 힘들게 번 돈을 투자하면서 어떤 종목에 투자할지 결정하지 못해 항상 전문가의 추천에만 의지하면 자신의 돈에 대한 결정을 남에게 맡기는 셈이다.◆

투자자는 어떤 물건(ETF)으로 어떻게(적립식 or 거치식) 사뒀다가 얼마나 이익(목표수익률)을 남길지 스스로 결정해야 한다. 그리고 팔 물건을 한꺼번에 동일한 가격으로 사둘(거치식) 것인지 매달 일정한 금액으로 다른 가격일 때 사서 모아둘(적립식) 것인지도 결정해야 한다.

검증된 결과에 따르면 후자가 더 적은 투자비용이 든다. 그래서 매달 일정한 돈으로 투자자산(ETF)을 사두었다가 시간이 흘러 어느 시점에 수요가 많아지고 가치가 높아져서 비싸게 팔면 더 큰 이익을 남길 수 있어 안전 마진이 커진다.

ETF를 투자할 때 목표수익률을 정하고 적금하듯 매달 꾸준히 적립하며 투자해보자. 적금은 은행이 정해준 이자와 기간이 있지만 ETF 정액적립식 투자

◆　ETF 종목을 선택하는 법에 대해서는 둘째마당에서 자세히 설명하기로 하겠다.

는 스스로 이자(목표수익)와 기간을 정하는 셀프적금이다. 단, 언제 목표수익에 도달할지 알 수 없기 때문에 충분히 기다릴 수 있을 정도의 부담 없는 여유자금으로 투자해야 한다. 개인적인 경험상 최소 투자기간을 1년에서 2년 정도라고 생각하고 투자하면 수익실현하는 것이 대부분 가능했다.

ETF vs 적금 수익 비교(ft. 1년 기간)

이번에는 1년을 기준으로 ETF와 적금의 수익을 비교해보겠다. 매달 20만원씩 연 10% 수익을 목표로 ETF에 정액적립으로 투자했을 때 연 이자는 13만원이다. 15%를 목표로 할 경우에는 19만 5,000원이다. 겨우 이 정도 돈을 벌려고 투자하느냐고 생각하면 안 된다. 처음엔 공부하는 셈 치고 없어도 인생에 지장이 생기지 않는 돈으로 투자를 시작해서 여러 번 반복해 익숙해지는 과정을 거치고 서서히 투자금을 늘려보자. 연 이자 13만원 수익에서 시작했지만 그 이상 벌어들이는 경험을 하게 될 것이다.

1년간 ETF 정액적립식 수익 예시(매달 20만원)

목표수익 = 연 10%(130,000원) 또는 연 15%(195,000원)
투자금 = 매달 20만원(1년 240만원 / 목표수익 도달 안 될 경우 1년 6개월 360만원)

내가 마지막으로 했던 정기적금의 이자수익과 비교해보자. 다음은 2018년 한 저축은행의 연 3% 특판 정기적금 이자다. ETF 정액적립액보다 5배나 많은 매달 100만원씩 1년간 총 1,200만원을 은행에 맡겼는데도 연 이자는 고작 16만원 정도다. 만약 100만원 적금 대신 20만원씩 4~5개 ETF 종목에 투자해서 13만원 수익을 한 번이 아니라 네 번, 다섯 번, 열 번 또 스무 번씩 굴리면 꽤 높은 수익을 손에 넣을 수 있다.

1년간 정기적금 이자수익 예시(매달 100만원)

목표수익 = 이자 연 3% 특판(164,970원)
투자금 = 납입금 100만원 × 12개월(1년 12,000,000원)

투자는 확률 게임이다. 성공 확률이 높은 방법을 선택하는 것이 현명하다. 즉, 한 번에 대박을 터트려 어마어마한 수익을 손에 넣는 것은 아무나 할 수 없지만 이렇게 조금씩 작은 수익을 반복적으로 거두다 보면 투자의 패턴을 익힐 수 있어 어렵지 않게 투자를 지속적으로 할 수 있다.

매달 100만원씩 정기적금 하는 대신 5개 ETF 종목에 20만원씩 분산해서 적립하면 5배 수익은 어렵지 않다.

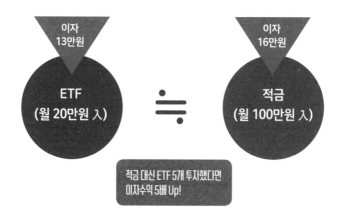

05

ETF 풍차 돌리기를 하면 수익률 3~5배 Up!

작은 수익을 반복적으로 거두는 투자패턴

예금이나 적금으로 풍차 돌리기 하는 사람들이 있는데 ETF로 풍차 돌리기를 하면 3~5배 수익을 더 챙길 수 있다. 자신만의 목표수익과 시간, 금액을 정하고 그것에 도달하면 적금 만기 때처럼 매도해 수익을 손에 넣은 후 다시 시작하는 식이다.

투자금과 기간에 따라 7%, 15%, 20~30%로 잡아보자. 합산하면 연평균 5~6% 이자수익은 어렵지 않다. 참고로 아인슈타인의 72법칙에 의하면 매년 연 7% 이자수익이 꾸준히 발생할 경우 10년 뒤 투자 원금의 2배가 된다.

아인슈타인(Albert Einstein)의 72법칙

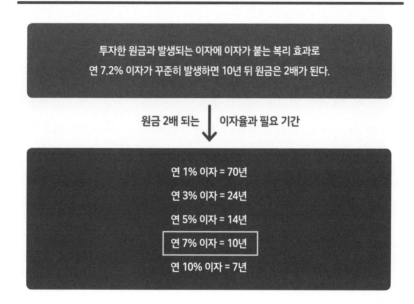

투자한 원금과 발생되는 이자에 이자가 붙는 복리 효과로
연 7.2% 이자가 꾸준히 발생하면 10년 뒤 원금은 2배가 된다.

원금 2배 되는 ↓ 이자율과 필요 기간

연 1% 이자 = 70년
연 3% 이자 = 24년
연 5% 이자 = 14년
연 7% 이자 = 10년
연 10% 이자 = 7년

만일 목표수익에 도달하지 못하고 지지부진하거나 수익률이 마이너스인 ETF가 있더라도 계속 적립하며 목표수익에 도달할 때까지 기다리면 된다. 부담스럽지 않은 적은 돈으로 여러 개의 ETF 종목에 나눠서 적금을 풍차 돌리듯이 투자하는 것이 좋다.

ETF 계좌 풍차 돌리기 투자법

예금이나 적금 풍차 돌리기는 이자와 기간이 정해져 있어 만기가 규칙적으로 돌아오고 풍차를 규칙적으로 돌릴 수 있지만, ETF는 언제 목표수익에 도달할지 알 수 없다. 그래서 매달 새로운 ETF를 한 종목씩 시작하는 것이 아니라 ❶ 한 번에 최소한 5개 종목으로 투자금을 나눠서 시작한다. 지수 ETF(주식형)와 반대로 움직이는 달러 또는 채권 ETF(안정형), 배당이나 리츠 ETF 그리고 테마 ETF 등으로 취향에 맞는 최소 5개 종목에 각각 5만원에서 10만원씩 적립을 시작한다. ❷ 매달 납입할 날짜를 정하고 꾸준히 적립하다 5개 중 과도하게 하락한 종목에는 여유자금을 적당히 추가 적립한다. 추가 적립할 기준은 예를 들어 -5%면 5만원 추가, -10%면 10만원 추가 등 구체적으로 정하는 것이 좋다. 반드시 기억할 것은 적립 중 수익률이 나빠도 기계처럼 적립해야 한다는 것이다. 수익률이 나쁘다고 적립을 중단하면 안 된다.

내 경우는 최소 7% 이자수익을 목표로 하지만 적립금이 너무 적으면 최소한 수익이 10만원은 발생해야 매도한다. 즉, 한 ETF 종목 적립금이 100만원 미만이면 20% 이상 되어야 수익이 10만원이 되는데, 몇 달 적립하지 않아도 급등한 ETF 종목의 수익이 10만원을 초과되면 정리한다. 반면에 1년이 지나도 수익률이 목표에 미달이면 도달할 때까지 계속 적립한다. 예를 들어 적립금이 300만원이면 7%, 200만원이면 10% 등 유연하게 적립금 대비 최소 수익금이 두 자릿수가 될 때까지 매달 계속 적립한다.

언급했듯이 ETF 풍차 돌리기는 종목마다 적립기간과 수익률 도달 시기가 불규칙적이기 때문에 ❸ 목표수익을 달성해 한 종목을 전액 매도해 ETF 종목 수가 줄어들면 다시 한 종목을 시작해 원래 개수가 되게 한다. 가격이 올라 목표수익에 도달한 ETF 종목을 매도하면 비싸진 ETF 종목은 팔게 되고 가격이 내려 수익률이 지지부진한 ETF 종목은 싸게 사게 되어 저절로 포트폴리오가 재조정된다. 재조정도 너무 정확하게 하면 실천이 잘 안 되니 간단히 비싸진 건 팔아 수익실현하고 싼 건 계속 조금씩 사 모으는 식으로 한다. 그러다 보면 정확하게 언제인지는 몰라도 수익이 나는 시기가 온다. 단, 목표수익에 도달할 때까지 충분히 계속 납입하려면 부담 없는 금액을 적립하고 비상금을 항상 일정하게 유지해야 한다. 과도하게 하락한 종목은 비상금으로 추가 적립해 코스트 에버리징 효과를 얻어 수익률을 더 높일 수 있다.

ETF 풍차 돌리기 - 최소 5개 종목 투자

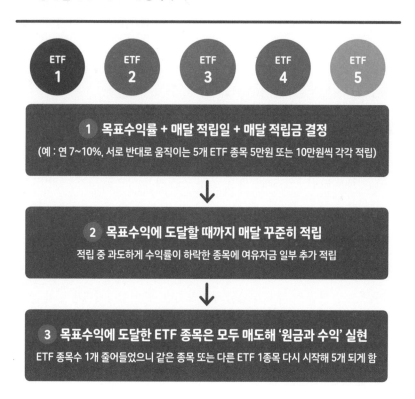

06

초보자를 위한
ETF 풍차 돌리기 실천법

월 50만원으로 5개 ETF 풍차 돌리기

다음은 월 50만원으로 5개 ETF를 풍차 돌리기 방식으로 투자한 것이다.

초보자를 위한 포트폴리오로 ❶ 미국지수 ETF(월 15만원), ❷ 신흥국지수 ETF(월 10만원), ❸ 테마 ETF 1(월 10만원), ❹ 테마 ETF 2(월 10만원), ❺ 달러 ETF(월 5만원)를 제시했다.

이와 별도로 현금을 전체 투자금의 30% 정도 준비했다가 5개 투자 종목 중 -5%가 나면 추가로 5만원 넣고, -10%가 나면 추가로 10만원을 넣는다. 적금 풍차 돌리기는 만기 시 재투자가 ETF 풍차 돌리기 목표수익률에 도달하면 정리하고 재투자를 시작한다.

초보자 5종목 ETF 풍차 돌리기

월	❶미국지수 ETF	❷신흥국 지수 ETF	❸테마 ETF 1	❹테마 ETF 2	❺달러 ETF	비상금 30%(현금)
1월	15만원	10만원	10만원	10만원	5만원	• CMA 또는 MMF에 전체 투자금의 30% 정도 항상 현금 보유 (5개 ETF 종목 적립 중 -5%인 종목은 매달 납입금 외 추가 5만원, -10% 이상 하락하면 10만원 추가 적립하면 수익률 더 상승)
2월	15만원	10만원	10만원	10만원	5만원	
3월	15만원	10만원	10만원	10만원	5만원	
4월	15만원	10만원	10만원	10만원	5만원	
5월	15만원	10만원	10만원	10만원	5만원	
6월	15만원	10만원	10만원	10만원	5만원	
7월	15만원	10만원	10만원	10만원	5만원	
8월	15만원	10만원	10만원	10만원	5만원	
9월	15만원	10만원	10만원	10만원	5만원	• 적립하다 도중에 목표 수익에 도달하면 모두 매도해 수익실현 후 다시 같은 종목 또는 다른 종목 적립 시작
10월	15만원	10만원	10만원	10만원	5만원	
11월	15만원	10만원	10만원	10만원	5만원	
12월	15만원	10만원	10만원	10만원	5만원	

　투자상품을 ETF 위주로 전환하기 전 주로 풍차 돌리기 했던 ELS(파생결합증권)는 만기가 대부분 3년이다. 그래서 처음 시작할 때 적어도 3년은 쓰지 않아도 되는 여유자금으로 풍차를 돌렸다. 하지만 대부분 1년에서 1년 6개월이면 목표에 도달하여 조기 상환되었고, 10개 정도 풍차를 돌리면 2~3개 정도만 3년 만기를 채우고 상환되었다. ELS 투자경험을 토대로 ETF 종목도 최고

3년 정도 적립할 계획으로 부담 없는 소액을 나눠서 적립하기 시작했다. 결과적으로 ETF 투자 패턴도 비슷했다. 생각보다 빨리 3개월이나 6개월에 목표수익에 도달하는 종목도 있었고 대부분은 1년 정도면 목표수익에 도달했다. 물론 2~3개 종목은 2년 가까이 되어도 목표수익에 도달하지 못하는 것도 있었는데 이럴 땐 손실이 아니면 모두 정리하고 상황에 따라 다른 종목으로 교체할 때도 드물게 있었다.

목표수익률 도달하면 기계적으로 매도할 것!

초보자는 ETF 풍차 돌리기 적립을 시작할 때 구체적인 목표수익률을 반드시 정하고 목표수익에 도달하면 기계처럼 매도한다. 예를 들어 최소 100만원을 적립할 경우 10% 수익에 도달하면 매도하고, 200만원을 적립할 경우 7%에 도달하면 매도한다.

1년 후 목표수익에 도달하지 못하면 적립을 계속한다. ETF 풍차 돌리기는 예상보다 좀 더 일찍 또는 좀 더 늦게 목표수익에 도달할 수 있기 때문에 목표수익이 발생할 때까지 상황에 맞게 여유로운 마음으로 유연하게 적립 기간을 조절하며 기다릴 수 있어야 한다.

매달 5개 ETF 종목 50만원 적립이 부담스러우면 형편에 맞게 3개 종목 또는 더 소액 적립한다. 미국지수는 변동성이 비교적 적고 안정적이니 조금 더 적립하고, 달러 ETF는 보험처럼 만일을 대비해 전체 투자금의 10% 정도 적립한다. 현금은 항상 일정 비율 비상금으로 보유하다 추가 적립해 수익률을 더 높인다.

포트폴리오 재조정이 막막하다면?

포트폴리오 비율 조정도 심플하게!

적립식 투자가 손실을 방어하지만 그렇다고 장기투자가 늘 수익의 결과를 만들지는 않는다. 자신의 투자자산을 주기적으로 재조정하는 게 필요하다. 그래야 위험 관리를 더 잘할 수 있고 수익은 더 높일 수 있다.

십여 년 전 TV에서 한 유명한 증권사 중역이 가장 기본적인 재조정 방법을 알려주었다. 주식형 펀드와 채권형 펀드 두 가지에 매달 적립하다가 6개월이나 1년에 한 번 정도 한쪽에서 수익이 나면 수익 난 만큼 팔고 손실 난 쪽에 그 수익금을 투자해 비율을 맞추는 방법이다. 실제로 주식시장이 하락하는 날은 채권·달러·금 ETF가 빨간색이 되는 날이 대부분이다. 수익률이 어느 정도 오른 투자상품을 매도하고 그 반대인 투자상품을 매수하면 된다고 하지만 초보인 경우 실제 해보면 막막하게 느껴진다. 나 같은 경우는 ETF 종목을 10여 개로 분산하여 투자하기에 아무리 수익이 1~2% 더 높아진다고 해도 포트폴리오 재조정은 시작하는 것이 말처럼 단순하지 않아 처음에는 제대로 할 수 없었다.

목표수익 도달하면 매도, 다시 같은 ETF 투자 시작

그래서 나는 실천이 쉽도록 단순한 방식으로 재조정을 한다. 즉 10개 ETF 종목 적립 중 내가 목표로 한 수익에 도달하면 모두 매도해서 정리하는 것이다. 그런 다음 다시 같은 종목 ETF를 소액으로 적립하거나 아니면 미리 하고 싶어 찜해둔 다른 종목 ETF로 갈아타서 줄어든 개수를 다시 맞춘다.

다수의 ETF 종목으로 나눠 투자할 경우 이렇게만 해도 자동으로 비싸진 ETF 종목은 팔고 수익률이 하락해서 싸진 ETF 종목에 투자하게 된다. 여러 개 ETF 종목으로 분산해 풍차 돌리기를 하면 재조정은 자연스럽게 된다. 만약 재조정을 정확하게 하고 싶다면 투자비율 자동관리 포트폴리오 앱 '더리치(www.therich.io)'를 활용하면 좋다.(96쪽 참고)

07

투자라는 사업의 성공 3요소
- 학습, 경험, 시간

투자는 한 사람이 혼자 돈으로 하는 사업이다. 사업하는 사람이 준비 없이 큰돈을 알지 못하는 곳에 넣으면 당연히 실패한다. 투자 실패를 막는 방법은 간단하다. 투자의 작동원리를 알아야 한다. 하지만 인간의 마음으로 작동하는 투자라는 사업은 늘 생각과 행동이 따로 놀아서 말처럼 쉽게 되지 않는다. 투자자는 마음을 단단히 붙잡고 자신을 통제할 수 있도록 계속 학습하고 경험 또 경험해야 한다. 학습과 경험과 시간의 힘이 투자 성공의 필수 요소다.

1 | 학습 : 매일 경제신문 읽기부터 시작

투자를 하려면 학습은 필수다. 백과사전처럼 모든 것을 알 필요는 없지만 최소한 세상이 어떻게 돌아가는지 정도는 알아야 한다. 가장 쉬운 학습방법은 경제신문을 읽는 것이다. 전설적인 투자자 앙드레 코스톨라니는 투자자의 필수 도구 중 하나가 신문이라고 했다. 신문을 통해 현재 세계와 국내 경제상황뿐만 아니라 유망한 산업분야와 쇠퇴하는 산업에 대한 정보를 쉽게 알 수 있다. 워런 버핏도 신문과 책 속에 모든 것의 답이 있으며 대부분의 투자 아이디어를 신문을 통해 얻는다고 했다.

신문 읽기는 자투리 시간을 활용하면 가장 실천이 쉽다. 출퇴근 시간 버스를 기다리거나 지하철 안에서 휴대전화로 경제기사 읽는 데 몇 분이면 된다. 매일 신문과 독서로 학습하는 사람의 미래는 그러지 않는 사람과 분명히 차이가 생긴다. 투자학습의 목적은 투자방법보다 자신의 심리를 통제하기 위함이 더 크다. 우리는 공부하는 것을 어느 나라 사람들보다 잘하는 나라의 국민이다. 매일 시간을 내서 경제신문을 읽는 일은 입시 공부와는 비교가 안 되는 수준이다.

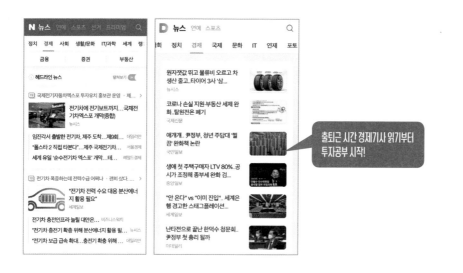

출퇴근 시간 경제기사 읽기부터 투자공부 시작!

2 | 경험 : 자신감을 위해 소액 연습투자는 필수!

투자의 패턴을 인식하기 위해서 소액 연습투자로 경험을 쌓아야 한다. 반복할수록 모든 일은 능숙해진다. 투자는 자기주도적인 일이고 투자자에게 경험보다 더 큰 스승이 없다. 비록 투자로 손실이 발생해도 그것을 통해 많은 것을 배우게 된다. 투자경험의 가장 큰 장점은 '이렇게 하면 되는구나!' '그렇게 하면 안 되는구나!' 하고 스스로 느낄 수 있고 투자 작동원리를 인식하게 되어 판단력과 결정력이 생긴다. 즉, 실패의 원인이 되는 행동을 반복하지 않으면 실패 확률은 줄어들고, 수익을 본 후에 수익을 얻게 한 자신의 행동을 돌이켜보고 계속하게 되면 그 전보다 수익을 더 높일 수 있다.

사실상 투자경험이 학습보다 훨씬 더 중요하다. 아무리 투자지식이 많아도 실천하지 않으면 그 지식은 쓸모가 없다. 세계적으로 유명한 경제학자들 중 투자로 성공한 사람이 거의 없는 이유다. 이론과 실제 투자는 엄청나게 차이가 있다. 그래서 지식이 좀 부족해도 경험의 '누적효과'로 몸으로 익힌 투자자는 그러지 않은 사람보다 훨씬 강하다.

과거에 나는 손실이 나면 하던 투자를 중단하고 방치해버려서 손실을 더 키우곤 했다. 하지만 수익과 손실에 관계없이 꾸준히 적금처럼 적립하다 보면 결국 어느 시점에 수익이 반드시 발생하는 것을 여러 번 경험한 후 적립식 투자를 중단하거나 방치하지 않았다. 게다가 큰 수익보다 작은 수익이 반복되면 결국 수익이 더 많아지는 단순한 진리도 여러 번 경험했다. 그래서 무조건 큰돈으로만 투자해야 한다는 편견도 버렸다.

펀드 같은 패시브 투자*를 하며 돈을 잃기도 했지만 시간이 흐를수록 투자에 대한 패턴을 직접 몸으로 익히니 면역력이 좋아져 투자를 이어갈 수 있었다. 세상 모든 일의 성공원칙은 같다. 실수를 통해 배우고 같은 실수를 반복하지 않고 원칙을 지키면 실패와는 멀어진다. 이 단순한 사실을 꼭 기억하자.

3 | 시간 : 빚 없이 투자해야 기다릴 수 있다

투자는 '기다림의 미학'이다. 투자는 복리로 수익이 발생하고 시간이 길어질수록 손실 확률은 줄어들면서 수익 낼 확률이 높아진다. 대개 호경기와 불경기의 주기가 3년 정도이기 때문에 나는 최소한 3년은 투자기간으로 생각한다. 자연계의 4계절처럼 투자의 세계에도 투자에 유리하고 불리한 계절들이 있다. 비록 초보자라서 계절 감각이 없어 잘못된 시기에 투자를 시작해도, 기다리다 보면 좋은 시기는 오기 마련이기 때문에 충분히 오래 기다릴 수 있으면 손실 확률은 급격히 낮아진다.

코로나로 인한 주식시장 폭락 얼마 후 폭등시기가 오자 초보 투자자들은 당장이라도 투자하지 않으면 다른 사람들처럼 돈 벌지 못할까봐 두려워하는 포모(FOMO, Fear Of Missing Out) 현상에 휩싸였다. 그러나 이런 유행에 편승한 투자로 손실을 본 사람들도 많다. 주식시장이 호황이던 2020년에 주식투자로 손실 본 사람이 60% 정도라고 한다. 아무런 준비가 되지 않은 상태로 서두르면

◆　**패시브 투자와 액티브 투자**: 지수(인덱스)에 투자해서 시장 평균 수익을 추구하는 소극적인 간접투자가 패시브 투자다. 반대로 주식시장 평균을 초과하는 고수익 추구를 위해 변동성 큰 개별 주식이나 특정 섹터 ETF 종목이나 펀드에 투자하는 것이 액티브 투자다.(자세한 내용은 66쪽 참고)

일을 그르친다. 금융시장은 우리가 세상에 태어나기 전에도 존재했고 우리가 죽은 후에도 여전히 존재할 것이다. 투자의 기회는 앞으로 얼마든지 있다. 서두를 필요가 없다. 학습과 소액 연습투자로 경험을 쌓고 준비하는 것이 우선이다. 항상 잊지 말아야 할 사실은 투자수익은 시간의 힘으로 발생된다는 것이다.

3년간 안 써도 될 여윳돈으로 투자하는 이유

일반적으로 호황과 불황의 사이클은 3년 주기

투자경험이 많든 그렇지 않든 투자자가 꼭 지켜야 할 공통된 투자원칙은 빚으로 절대 투자하지 말아야 한다는 것이다. 시간의 힘이 복리 수익을 만들어내기 때문에 여윳돈으로 투자해서 수익이 날 때까지 기다릴 수 있다. 일반적으로 호경기와 불경기가 반복되는 경기 사이클이 3년이기 때문에 나는 최소 3년간 쓰지 않아도 될 여유자금으로 투자한다. 지금까지 적립식으로 펀드나 ETF를 해본 결과 10개 중 8~9개는 1~2년 정도면 목표로 한 수익에 모두 도달했다. 그 결과 시간이 흐를수록 적립식으로 적금하듯 투자하면 손실 날 확률이 거의 없다는 확고한 믿음이 생겼다.

투자기간 대비 투자수익률(1년, 5년, 20년)

다음은 삼성자산운용의 투자기간과 투자수익이 날 확률을 표로 만든 것이다. 시간이 경과될수록 손실 확률은 낮아지고 수익 확률은 높아진다. 한마디로 투자는 학습과 경험으로 무장하고 철저한 계획과 확률의 가능성을 생각하고 시간의 힘을 빌려야 한다. 고수들은 재능이 뛰어나기보다는 훨씬 더 철저히 준비하고 노력한다는 사실을 기억하자.

투자기간	손실 확률	수익 확률
1일	0.03% 거의 본전 (매매비용 포함하면 손실)	
1달	46% (↓)	54% (↑)
1년	37% (↓)	65% (↑)
5년	15% (↓)	85% (↑)
20년	0% (↓)	100% (↑)

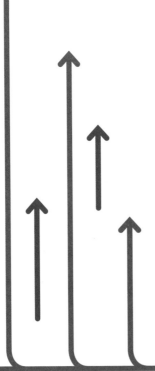

돈 이 된 다 ! E T F 월 급 만 들 기

10% 목표수익!
똑똑한 ETF 고르기

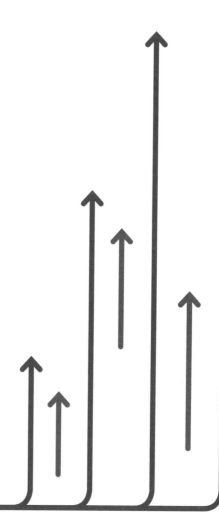

돈이 된다! ETF 월급 만들기

ETF란 무엇인가?

ETF는 주식처럼 사고파는 펀드, 인기 상승 이유는?

ETF(Exchange Traded Fund)는 지수를 추종하는 인덱스 펀드가 모체이며, 분산투자를 전제로 펀드를 한 주씩 사고팔 수 있도록 주식시장에 상장시켜 놓은 금융상품이다. 한마디로 주식처럼 사고파는 펀드다. 미국 뉴욕 증권 거래소 직원이 만들었지만 최초의 ETF 종목은 1990년 캐나다 토론토35 인덱스다. 미국은 3년 뒤에 등장한 1993년 S&P500 ETF가 최초이며 우리나라는 2002년 코스피200 인덱스가 최초다.

ETF는 2008년 미국발 세계금융위기를 기점으로 손실을 피하려는 증권사, 전문 투자자들의 거래로 폭발적 성장을 거두었고, 지금도 여전히 성장 중이다.

ETF 급성장의 이유는 개인 투자자들이 아닌 ETF 거래 90%를 차지하는 전문 투자자들 때문이다. 현재 뉴욕증권거래소 총주식거래량의 40%를 차지하고 있는 ETF는 한마디로 말해 인덱스 펀드를 토대로 만들어진 패시브(Passive, 수동적 방어) 투자 방식의 혁신적인 금융상품이다.

ETF 간단 정리

정의	상장지수 펀드 (Exchange Traded Fund)	주식처럼 거래 가능하고, 특정 주가 지수의 움직임에 따라 수익률이 결정되는 펀드
원래 목적	투자자의 편의가 아닌 거래량 증가	미국 증권거래소 직원이 펀드를 주식처럼 상장시켜 쉽게 매매하게 해 부진한 거래량 늘리기 위해 만듦
분류	• 국내주식형 ETF(국내주식들 포함) • 해외주식형 ETF(해외주식들 포함) • 지수형 ETF(특정 국가 지수 추종) • 테마형 ETF(특정 분야의 주식들 포함) • 기타 ETF(채권, 원자재 외환, 부동산 등에 투자)	ETF 종류에 따라 수수료와 세금 상이
수수료	운용보수 0.5%인 경우 매일 0.5%/365를 계산해서 차감(운용 수수료는 연단위로 계산)	ETF 보수는 가격에 포함되어 있기 때문에 전혀 신경 쓸 필요 없음

초창기 ETF는 개인보다 전문 투자자의 손실 회피 요구 때문에 성장했다.

ETF 장점 - 분산투자 ○, 거래세 ×, 환금성 Up

주식과 펀드의 장점을 합친 하이브리드 투자상품 ETF는 '현대 금융시장의 꽃'이라는 별명으로 불린다. 무엇보다도 ETF는 펀드에 해당하기 때문에 특정한 개별종목 주식을 사고팔 때처럼 개별종목의 거래세가 없다. 게다가 주식처럼 한 주씩 사고팔 수 있어 실시간 거래가 가능하며 공모 펀드와는 달리 매도 즉시 투자수익이 확정된다. ETF의 여러 가지 장점은 다음과 같다.

ETF 장점

1. **다양한 투자자산에 자동 분산투자** → 다양한 상품
2. **위험 줄이고 안정적 수익률 추가** → 단일 종목, 기업에 투자 ×
3. **펀드 절반 이하 낮은 수수료** → 가장 저렴한 인덱스 펀드 1% vs ETF 0.02~0.5%
4. **실시간 거래 가능(매수, 매도 간편)** → 주식과 같은 방법으로 매매
5. **적은 돈으로 비싼 기업에 투자 가능** → 몇백, 몇십만원 비싼 주식들이 ETF 한 종목에 다수 포함됨
6. **매매 제한 없고 빠른 환금성** → 매도 후 주식과 동일하게 3일 뒤 출금 가능

ETF 종류 - 지역, 스타일, 파생으로 구분

ETF를 지역으로 나누면 국내와 해외로 나눌 수 있고 해외 ETF는 다시 국내증시에 상장된 것과 해당 국가에서 상장된 ETF가 있다. 스타일은 패시브(수동적 방어)에 속하는 지수 ETF와 액티브(적극적 공격)에 속하는 테마 ETF가 있다.

그 밖의 ETF로는 채권, 외환, 원자재 그리고 부동산에 투자하는 리츠가 있다. 추가로 파생상품에 투자하는 ETF로는 레버리지, 인버스가 있는데 변동성이 매우 크고 초단기투자에 적합해 경험 없고 순발력이 없는 초보 투자자는 하지 않는 것이 좋다.

ETF 종류 구분하기

지역	스타일	파생	기타
국내	패시브 = 시장대표(지수) ETF 코스피, 코스닥, S&P, 나스닥 등	레버리지 ETF	채권 ETF 국채, 미국채, 회사채 등
해외 국내상장 　해외주식형 해외상장 　해외주식형	액티브 = 테마, 섹터 ETF 반도체, 자동차, 은행, 화장품, 헬스케어, 그룹, 2차전지기업 등	인버스 ETF	원자재 ETF 금, 은, 구리, 원유 등

• 국내 주식형 ETF 투자수익은 비과세, 배당수익은 15.4% 일반 과세

ETF를 만드는 대표적 운용사들은 삼성, 미래에셋, 케이비, 한국투자신탁, 신한 등이 있으며 이들은 초코파이나 라면처럼 동일하거나 비슷한 ETF 종목들을 다음과 같은 상표를 붙여 판매한다.

ETF 브랜드와 자산운용사

	ETF 브랜드	자산운용사
1	KODEX	삼성
2	TIGER	미래에셋
3	KBSTAR	케이비
4	KINDEX	한국투자신탁
5	ARIRANG	한화
6	KOSEF	키움투자
7	HANARO	엔에이치아문디
8	SOL	신한

ETF 수수료 - 인덱스가 가장 낮은 0.02%

ETF의 수수료는 ETF라는 상품을 가장 매력적으로 만드는 이유 중 하나다. 투자수익은 계속 새어 나가는 수수료를 아끼는 것으로도 장기적으로 복리 효과가 발생해 결과적으로 더 큰 수익률을 만든다.

수수료가 가장 저렴한 종목은 시가총액이 큰 인덱스 ETF이며 시장평균수익을 초과하는 고수익 액티브 ETF나 레버리지나 인버스 같은 초고위험 파생 ETF 종목일수록 수수료가 비싸다. 그렇지만 일반 공모 펀드와 비교하면 ETF 수수료는 훨씬 더 저렴하다.

ETF와 펀드 수수료 비교

투자상품	수수료(연)	수수료 발생 이유
ETF	0.02~0.8%	투자자가 직접 사고팔아 펀드매니저에게 줄 수수료 없음 최저 수수료로 투자의 민주화를 이뤘다고 평가됨
인덱스 펀드	0.7~1%	펀드매니저 없이 특정 국가 지수 추종해 펀드 중 가장 낮은 수수료
액티브 펀드	2~3.8%	펀드매니저가 펀드에 포함된 주식들을 수시로 사고팔아 회전율 높아 비용 발생 빈번해 고수수료

일반 펀드보다 수수료가 저렴한 ETF,
장기적으로 투자하면 연 복리 효과 극대화!

슈퍼 투자자들이 인덱스 ETF를 추천하는 이유

세계적인 투자의 고수들은 평범한 사람들이 주식을 선별해 투자하는 것은 쓸데없는 노력이라고 한다. 보통 사람들이 아무리 열심히 준비해도 기관, 외국인에 비해 자본력과 위기 대응 능력은 뒤처지기 때문이다. 게다가 아무리 우량한 주식이라도 평범한 사람들이 모르는 것이 너무 많고 언제든 예측할 수 없는 수많은 불확실성과 변수 때문에 잘못될 확률과 손실 위험이 크다.

	주가지수 1000 돌파	주가지수 2000 돌파	주가지수 3000 돌파
	1989년 (상장사 512)	2007년 (상장사 734)	2021년 (상장사 800)

코스피 시가총액 상위 10 변천사

	1989년	2007년	2021년
1위	포항종합제철	삼성전자	삼성전자
2위	한일은행	POSCO	SK하이닉스
3위	제일은행	한국전력	LG화학
4위	서울신탁은행	국민은행	삼성바이오로직스
5위	한국상업은행	현대중공업	NAVER
6위	조흥은행	신한지주	셀트리온
7위	삼성전자	우리금융	삼성SDI
8위	금성사	현대차	현대차
9위	현대건설	하이닉스	카카오
10위	유공	SK텔레콤	현대모비스

출처 : 한국거래소

항상 흥하기만 하는 기업은 드물다. 지금 잘나가는 기업도 갑자기 사라질 수 있고 끊임없는 혁신과 기술로 계속 살아남는 기업도 있다. 왼쪽 표는 코스피 시가총액 상위 10위를 보여주는 한국거래소 자료다. 각 지수가 역사적인 고점에 도달했을 때 10위 안에 계속 자리를 지키고 있는 기업은 드물다. 자신이 선택한 기업이 계속 상위에 머물러 있는 기업이라면 다행이지만 어떤 종목을 선택하고 투자하느냐에 따라 주식이 말 그대로 '휴지조각'이 될 수 있다.

TIGER TOP10 구성종목

구성종목명	구성비중(%)
삼성전자	26.18
SK하이닉스	20.45
NAVER	8.85
POSCO홀딩스	7.40
현대차	7.29
셀트리온	6.51
기아	6.41
LG화학	6.15
삼성SDI	5.96
LG에너지솔루션	4.06

네이버 메인 → 증권 → 국내증시
화면에서 검색

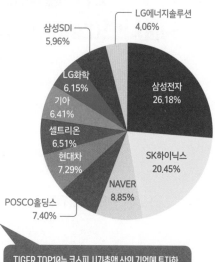

TIGER TOP10는 코스피 시가총액 상위 기업에 투자한다. 총액이 바뀌면 종목도 자동으로 바뀐다. 마음 편하게 투자할 수 있다.

그래서 세계적인 고수들은 인덱스 위주로 투자하라고 조언한다. 한 인터뷰에서 워런 버핏은 투자에 대해 전혀 모르는 자신의 아내에게 유언으로 남기고 싶은 투자상품을 미국 'S&P500' 인덱스 펀드라고 말했다. 특정한 한 종목 주식에 투자했을 때 언제든 예기치 못한 일로 큰 변동성이 생겨 주가가 급락하거나 폭락할 수 있는 '개별 종목 리스크'를 인덱스 투자로 피할 수 있고 동시에 가장 좋은 주식에 자동으로 투자하게 되기 때문이다. 그 결과 매년 주식시장 평균 수익(미국 약 연평균 7%)을 안정적으로 얻을 수 있다.

ETF 양대산맥
- 패시브(방어) VS 액티브(공격)

패시브 대표 종목은 인덱스 ETF

ETF는 투자 스타일에 따라 패시브와 액티브로 나눌 수 있다. 초기에 출시된 ETF 상품은 패시브 즉, 지수(인덱스) ETF였다. 그러나 점점 다양한 고수익 추구 액티브 ETF 종목들이 많이 나오고 있기 때문에 이들을 구별할 수 있어야 스스로 선택해서 투자할 수 있다.

앞에서도 살펴봤듯이 대표적인 패시브 투자상품은 지수(인덱스) ETF다. 패시브 수익률이 무조건 액티브보다 낮다고 생각하지만 잘 운용하면 연 20% 이상의 수익이 가능하다. 장기적으로 투자하면 저변동성으로 인한 안정성과 저비용으로 장기 수익률은 패시브가 더 높아진다. 그러나 액티브 ETF 종목도 잘 활용하면 수익률을 더 높일 수 있다. 액티브 투자와 패시브 투자 중 자신의 성향이 어디에 맞는지 신중하게 고려 후 투자하면 된다.

액티브 대표 종목은 테마 ETF

지금은 ETF 전성시대이고 현재 국내 ETF 종목만도 600개가 넘는다. 우리는 몇천원에서 몇만원으로 비싸서 엄두도 낼 수 없는 세계 최고의 우량 주식에 투자할 수 있을 뿐만 아니라 채권, 금, 은, 원유 등 거의 모든 자산에 투자할 수 있다. 자신의 성향이 공격적이라면 반도체, 전기차, 헬스케어 등 액티브 즉 테마 ETF에 투자할 수 있고, 수익률은 조금 낮아도 안정적 수익을 추구하는 성향이면 패시브한 지수(인덱스) ETF 투자가 적합하다.

액티브 vs 패시브 ETF 비교

	액티브 투자	패시브 투자
정의	개별 종목의 매력을 분석한 후 투자	지수(인덱스)에 기계적 투자
목적	주식시장 평균 초과 수익 추구	주식시장 평균 수익 추구
변동성	매우 큼	비교적 적음(저변동)
비용	회전율 높은 경향 → 비쌈	회전율 낮아서 저렴
장점	타이밍 투자 성공 = 매우 큰 수익	투자법이 단순해서 일반인 접근이 쉽다
단점	고변동으로 심리 불안정해 지속적 수익 얻기 어렵고 잦은 매매로 비용 높아짐	• 거치식으로 투자할 경우 = 변동성 높음 • 적립식으로 투자할 경우 = 오래 쌓아 금액 커지면 변동성과 비용 높아짐

평범한 투자자는 인덱스 ETF 추천

하지만 장기투자로 한 가지 ETF를 선택한다면 가장 변동성이 적고 안정적인 수익을 얻을 확률이 큰 세계 주요국가의 지수 ETF가 최선이다. 한 나라의 우량주식이 거의 다 포함되는 지수 추종 인덱스 투자는 우량 대표주들이 포함되어 자동으로 분산투자를 할 수 있을 뿐만 아니라 저변동과 저비용으로 안정적인 수익을 얻을 수 있다.

반면 특정 섹터에 투자하는 액티브 테마형 ETF는 변동성이 주식 못지않게 커질 수 있어 인덱스 ETF와 비교하면 안정성이 낮다. 그러나 테마 ETF도 개별 주식종목보다는 변동성이 낮다. 그러므로 직업이 있는 평범한 사람들에게는 현재 가장 저렴한 비용과 저변동성의 장점을 지닌 ETF 인덱스 투자가 현명하다.

10

10% 이상 고수익을 원한다면?
섹터(테마) ETF!

단기간에 높은 수익을 얻고 싶다면?

다시 말하지만 투자자의 시간과 노력을 절약할 수 있고 실패 확률이 거의 없는 투자는 인덱스(지수) ETF이다. 하지만 인덱스(지수) ETF보다 단기간에 좀 더 높은 10% 이상 수익을 얻고 싶다면 섹터(테마) ETF를 주목할 필요가 있다.

수백 개의 섹터(테마) ETF들 중 무엇을 선택해야 할지 막막하겠지만 ETF 종목 선택은 의외로 간단하다. 신문을 읽으면 답을 알 수 있다. 미래가 유망한 산업분야와 쇠퇴해서 전망이 나쁜 기업들에 대한 기사들이 매일 나온다. 이들 분야에 투자하는 섹터(테마) ETF 종목들을 인터넷에서 검색을 해보면 상품명도 쉽게 알 수 있다. 물론 처음에는 기사만 읽고 잘못 판단할 수도 있다. 하지만 개별 주식종목처럼 단 1개 종목 투자가 아니기 때문에 해당 테마 ETF에 투자하면 상대적으로 변동성과 위험성은 줄어든다. 단, 실수로 너무 높은 가격에 투자를 시작하면 기다려야 하는 시간이 더 길어질 수 있다.

최근 여러분이 신문기사로 자주 접했던 유망한 산업분야들이 어떤 것들인가? 바로 머릿속에 떠오르는 것이 정답일 확률이 높다. 현재도 성장 중이고 미래에도 지속적인 성장을 할 분야들은 어렵지 않게 생각해낼 수 있다. 이런 분야 주식들을 모아 투자하는 ETF들은 최근 많이 올랐지만 적은 돈으로 시작해서 매달 정액적립식이나 자유적금처럼 모아가면 몇 개월에서 2년 정도 단기나 중기적으로 수익률 10% 이상 오를 확률이 크다.

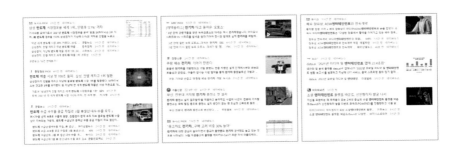

신문기사에 오르내리는 산업분야에 주목할 것
반도체, 엔터, 로봇, 전기차, AI, ESG, 신재생, 바이오……

반도체는 미래의 쌀이라고 불리며 휴대폰, 가전제품, 자동차 등의 많은 산업분야에 필수적으로 사용된다. 게다가 우리나라의 반도체 기술이 세계 최고이고 앞으로 성장이 계속될 수밖에 없으니 유망하다. 그리고 우리나라가 가장 잘하는 분야가 엔터이다. 이 분야 역시 우리나라의 경쟁력이 최고로 뛰어나고 전 세계적으로 수익을 내는 분야이니 투자할 가치가 충분하다.

코로나로 인해 '비대면' 관련 분야도 발전이 더 가속화되었다. 로봇과 AI 분야는 우리 삶에 점점 더 큰 비중을 차지할 것이라는 사실을 의심할 여지가 없다. 그리고 환경문제를 해결하는 것이 앞으로 인류의 생존과 직결되어 있어 전기차와 미래 에너지인 신재생에너지도 점점 비중이 커지고 있다. 바이오 제약도 전 세계적인 노령화로 전망이 밝다. 이외에도 유망한 투자 분야들이 있지만 몇 가지만 예를 들었다.

투자를 하면서 매일 신문을 읽지 않으면 이런 상식조차 생각나지 않는다. 투자자가 신문을 친구처럼 여겨 매일 가까이해야 하는 것은 아무리 강조해도 부족하다. 게다가 경제신문을 읽으면 현재 최고점에 도달한 투자자산과 반대로 최악의 수익률인 투자상품에 대한 기사도 자주 보게 된다.

수익률로만 선택하지 말 것, 싸게 사는 게 중요!

하지만 과거의 수익률로만 ETF 종목을 선택하면 위험할 수 있다. 현재 수익률이 최고인 ETF 종목은 가격이 단기간에 급등해서 거품이 있을 가능성이 많다. 단, 여전히 전망이 좋은 분야 ETF 종목이라면 몇 달 후 혹은 1년 정도 지켜보다가 어느 정도 가격이 하락해 수익률이 떨어지면 투자를 시작하는 것도 방법이다. 가격이 하락할 때 사야 수익을 남기고 매도할 수 있다.

기다리는 것을 못 하는 급한 성격의 소유자라면 '분할 매수'가 최선이다. 미래 전망이 앞으로 계속 밝은 분야라면 가격이 많이 올라 수익률이 높은 상태라도 한꺼번에 모두 매수하는 것이 아니라 정액적립식으로 매달 같은 금액으로 모으거나 아니면 총투자금의 10분의 1정도 금액으로 시작하고 몇 달 관찰하며 가격이 떨어질 때마다 많이 하락하면 더 많이 매수하는 전략적립식으로 투자하면 안전 마진을 확보할 수 있다.

이렇듯 ETF 종목을 선택하는 기준은 현재 가격과 미래 전망이다. 아무리 유망하고 좋은 투자상품도 계속해서 오르기만 하고 내리기만 하는 경우는 없다. 오르면 내리는 날이 있고 내리면 오르는 날이 있는 것이 계절의 변화처럼 투자의 세계에서도 자연스러운 현상이다.

ETF 선정 기준

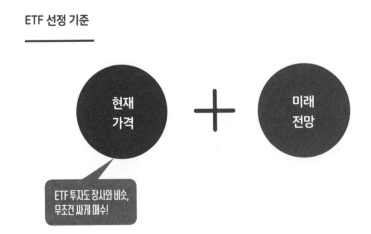

하지만 아무리 유망하고 좋은 투자상품도 높은 가격 상태 즉 최근 급등했거나 심하게 올랐다면 안전 마진이 없기 때문에 투자에는 불리하다는 사실을 반드시 기억해야 한다. 즉, 가격도 과도하게 비싸지 않고 유망한 ETF 종목을 선택하는 것이 손실 확률은 적고 수익 확률이 크다는 사실이 투자 세계의 불변의 진리이다.

증권사 앱에서 ESG, 바이오, 반도체로 검색하면 테마 ETF 상품들을 볼 수 있다.

배당 ETF와 리츠 ETF 장기투자로 안정적 수익 얻기

···

주식시장이 약세장이면 주식형 ETF 수익률도 하락하는데 이럴 때 주목을 받는 게 배당 ETF다.
배당 ETF는 배당을 많이 지급하는 주식들이 포함되어 있다. 배당 ETF의 장점은 ETF에 포함된
주식들의 주가가 오르지 않아도 지급되는 배당금으로 손실이 만회될 수 있고 특히 주가가 하락
하면 예상 배당수익률이 상승하게 되어서 배당 ETF 매력은 더 커진다. 분산투자의 한 부분으로
포트폴리오에 넣으면 하락장에서 변동성을 줄여준다. 괜찮은 배당 ETF에 매달 소액적립투자하
면 장기적으로 결과는 만족스럽다. 하지만 단기적으로 수익률 변화가 거의 없는 경우가 대부분
이라 인내심을 발휘해 장기로 접근해야 한다.
국내 대표적인 배당 ETF 종목인 ARIRANG 고배당주(아래 그래프) 수익률을 살펴보면 장기적으
로 접근해야 한다는 사실을 쉽게 알 수 있다. 단기투자용으로는 적당하지 않다.

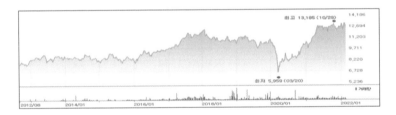

배당 ETF 주요 구성 자산

하나금융지주	삼성증권
우리금융지주	삼성화재
POSCO	기업은행
신한지주	현대중공원지주
KB금융	KT&G

ARIRANG 고배당주 ETF : 주요 구성 종목
대부분 배당을 많이 지급하는 금융주들이다.

리츠 ETF 역시 가장 큰 장점이 대부분 분기별로 4~5% 배당을 실시해 안정적인 배당수익이 있다는 점이다. 배당 ETF처럼 주식형 ETF의 고변동에 의한 고위험성과 달리 하락 가능성이 적어 전체 투자수익의 변동성을 줄여주는 종목이다. 배당 성향이 높은 이 두 가지 ETF는 일반계좌보다 ISA계좌로 투자하는 것이 세제혜택을 받을 수 있어 훨씬 유리하다.◆

증권사 앱에서 검색한
배당 ETF와 리츠 ETF

◆　ISA계좌에 대한 자세한 내용은 116쪽 참고

ETF도 장기투자와 단기투자 병행

오래 들고 있다고 장기투자가 아니다

400년이 넘는 주식시장 역사를 통해 성공 확률이 가장 높은 투자는 적은 돈을 마라톤처럼 장기로 길게 투자하는 것이다. 하지만 장기투자의 의미를 제대로 알 필요가 있다. 단순히 한 가지 ETF 종목을 계속 사서 모으기만 하고 절대 매도하지 않는 것은 장기투자가 아니다.

수익이 발생하면 팔아서 수익을 실현하고 다시 투자를 시작하여 포트폴리오를 재조정하며 투자 행위를 중단하지 않고 계속 이어가는 것이 바로 장기투자다.

투자기간에 따라 적합한 ETF 상품들

요즘 투자의 대세 ETF 상품들은 저비용 저변동이 장점으로 보통사람들도 장기투자하기 좋다. 하지만 모든 ETF 상품이 장기투자하는 데 유리하지는 않다. 팔지 않고 은퇴할 때까지 오래 계속 사 모으다가 꽤 높은 수익을 얻고 파는 것이 더 유리한 ETF 종목도 있고 수익이 나면 팔고 다시 시작하는 것이 더 유리한 ETF 종목도 있다. 게다가 변동성이 매우 높아 장기로 할수록 손실이 극심해지는 초고위험 ETF 종목도 있다.

❶ **장기투자** : 패시브 대표 상품인 선진국 지수 ETF는 흔히 개발도상국 즉 신흥국 지수와 비교해 주식시장과 기업들의 투명성과 높은 배당 성향으로 수익률이 더 안정적이기 때문에 장기투자하기 좋다.

❷ **중·단기투자** : 신흥국 지수 ETF 종목과 액티브한 테마 ETF는 변동성이 커서 목표수익에 도달하면 매도하는 게 좋다. 1년에서 2년 정도 단기나 중기투자에 적합하다.

❸ **초단기투자** : 초고위험 ETF 대표상품은 지수가 올라가면 2배 수익을 내는 레버리지 ETF와 지수가 하락하면 2배 수익을 주는 인버스 ETF가 있다. 이런 초고위험 ETF가 말 그대로 이익이 2배가 될 것이라고 단순하게 생각하면 안 된다. 순발력 있고 노련한 투자자가 할 수 있는 상품이며 고비용으로 장기로 갈수록 손실이 커져 초단기투자에 적합하다. 게다가 이런 파생 ETF 종목은 증권사 앱에서 금융투자교육을 이수해야 하고 주식 예수금이 최소 1,000만원 있어야 매매할 수 있다.

ETF 분류	상품 예	특성	투자기간 적합도
❶ 지수 ETF (패시브 ETF)	KODEX 200 TIGER 200 등	KODEX 200 코스피200 지수 내 대표 주식 보유해 지수와 비슷한 수익 추구	장기투자 적합 (저변동, 저위험으로 꾸준히 안정적 수익 발생)
❷ 테마 ETF (액티브 ETF)	자동차 ETF 반도체 ETF 바이오 ETF 등	특정한 산업분야에 해당하는 주식을 모아 만든 다양한 스타일의 종목 ETF	단기나 중기 투자 적합 (지수 ETF보다 변동성 높고 유행에 민감한 경향 크지만 훨씬 더 높은 수익 가능)
❸ 초고위험 (파생 ETF)	KODEX 레버리지 (지수 상승의 2배 수익) KODEX 인버스 (지수가 하락할수록 수익)	KODEX 선물 등 파생상품 투자로 초고수익 추구하며 변동성 극심해 투기에 가까움	초단기투자 적합 (고수수료와 고변동성으로 장기투자할수록 손실이 커지는 구조)

초고위험 파생 ETF / 일반 ETF 종목 손실 비교

손실 날 경우

☐ 일반 ETF   -5%

☐ 2배 레버리지 ETF   -18%

☐ 3배 레버리지 ETF   -37%

모든 투자상품은 복리로 움직인다. 복리는 주식시장이 계속 오르기만 하면 계속 수익률이 오르지만 반대로 내리기만 하거나 변동성 장세로 오르락내리락하면 훨씬 더 큰 손실이 발생한다. 이런 투자수익과 손실에 대한 기본적인 개념을 확실히 모르고 돌발 상황에 적절한 대처를 하지 못하면 큰 손실을 본다. 그래서 투자를 하려면 최소한 자신이 어디에 투자하는지 알아야 한다.

레버리지나 인버스 같은 초고위험 ETF 종목은 피할 것!

투자손실의 주된 원인 중 하나는 자신의 능력보다 너무 큰 수익을 바라는 탐욕이다. 경험이 많지 않은 대부분의 개인 투자자들은 자신의 투자 능력을 과대평가하고 과도한 수익을 벌려고 레버리지나 인버스 같은 초고위험 ETF 종목에 알지도 못한 채 돈을 넣어 결국 큰 손실을 보는 경우가 종종 있다. 투자수익은 자신이 투입한 지적노력과 시간투자에 비례해서 바라야 한다. 보통사람들의 가장 현실적인 기준은 현재 은행 예·적금 금리 3~5배 정도의 투자 목표수익이 논리적이다. 워런 버핏의 연평균 수익이 22%다. 그리고 고수익 투자를 추구하는 헤지펀드의 목표수익률도 연 15% 정도다.

하지만 10% 내외 수익을 우습게 여기고 비현실적으로 30%, 50% 심지어 100%까지 수익을 바라는 사람들이 많다. 큰 수익보다 적은 수익이라도 잃지 않고 계속 반복해서 손에 넣으면 수익은 결국 커지는 단순한 진리를 모르는 것이다. 이렇게 빨리 한방에 큰돈을 벌려고 비현실적으로 높은 수익을 얻기 위한 탐욕으로, 레버리지나 인버스 같은 투기적인 ETF 상품에 유혹당하면 결국 주식시장에 속아 넘어가게 된다. 주식사장의 아이큐는 3,000이라는 말이 있다. 겸손하고 장기적인 저변동 투자가 결국 고수익을 얻게 된다는 진리를 명심해야 한다.

액티브 ETF 순환적립식으로 1~2년 투자!
선진국 지수 ETF는 장기투자!

투자수익을 얻으려면 장기투자의 올바른 개념을 알고 특정 ETF 종목을 5년에서 10년 장기로 투자할지 아니면 1년 또는 2년 정도 단기로 투자할지 스스로 판단하고 결정할 수 있어야 한다. 매달 일정한 금액을 적금처럼 한 ETF 종목을 사서 모으다가 목표로 한 수익에 도달하면 모두 매도하고 다시 시작하는 방법이 '순환적립식'이다. 앞에서 살펴본 ETF 풍차 돌리기도 순환적립식 투자다.

경험상 순환적립식으로 늦어도 2년 정도면 대부분 목표수익은 얻을 수 있었다. 2년 이내 단기투자에 더 적합한 ETF 종목은 유행에 민감하고 변동성이 큰 액티브 ETF(테마·섹터 ETF)다.

반면 은퇴할 때까지 꾸준히 모아가면 좋은 ETF는 저변동으로 적지만 꾸준히 안정적인 수익이 발생하는 선진국 지수 ETF이다. 단 베트남, 중국 같은 신흥국의 경우 지수라도 변동성이 크기 때문에 장기적으로 투자하면 오히려 불리할 수 있어 액티브 ETF에 가까울 수 있으니 주의하자.

수백 개의 ETF 종목을 식별할 수 있는 능력이 부족한 초보 투자자가 하나의 ETF를 선택한다면 변동성이 낮고 안정적인 선진국 인덱스(지수) ETF가 최선이다. 하지만 안정성과 수익성 두 가지를 다 얻으려면, 선진국 지수 ETF와 변동성은 크지만 주식시장이 강세장이 되면 더 큰 수익을 얻을 수 있는 신흥국 지수 ETF 두 가지로 분산투자하는 것이 더 현명하다.

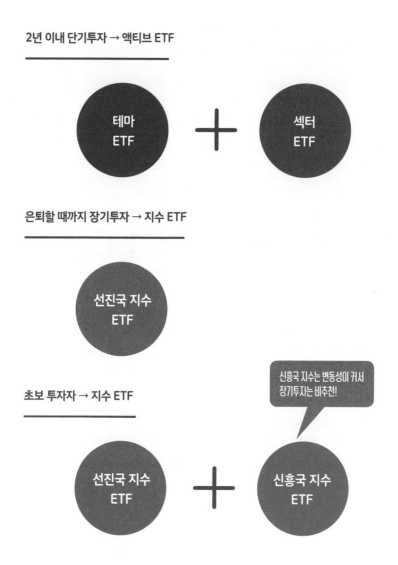

주식 시황방송을 멀리하는 이유

나는 한동안 거의 매일 주식시장과 특정 주식의 전망을 하는 경제TV 채널을 시청한 적이 있다. 하지만 막상 개별 종목 주식들을 전망하는 애널리스트나 증권사 전문가들의 말을 들으면 당장 해당 주식을 매수해야 할 것 같은 조급한 마음이 생겨 마음의 평화가 깨졌다. 이제 더 이상 이런 프로그램들은 시청하지 않는다.

TV 프로에 나오는 전문가들은 매일매일 열심히 주식시장과 어떤 주식을 전망하고 시세 변동을 설명하는데 그것이 바로 그 사람들의 직업이다. 이들의 분석과 예측이 맞는다면 그들은 모두 워런 버핏처럼 부유해져야 하는데 현실은 그렇지 않다. 주식시장과 특정한 주식 종목의 방향을 설명하는 논리는 너무 많지만 주식시장과 주가의 상승과 하락은 완전히 비논리적인 경우가 대부분이다.

앙드레 코스톨라니는 주식시장은 나름의 고유한 논리가 있고 아름다운 여자나 날씨처럼 변덕스러워 높은 이익을 내는 회사의 주가가 내리기도 하고 법정관리 중인 부실한 회사 주식이 급등하기도 하며 실업자가 급증한 나라의 주식시장이 급등하기도 한다고 했다.

주가는 매도자가 더 팔고 싶지만 매수자가 사려고 하지 않으면 하락하고, 반대로 매수자는 사고 싶어 안달하는데 매도자가 팔려고 하지 않으면 오르는 것이다. 한마디로 주식시장을 지배하는 유일한 논리는 '수요와 공급'이기 때문에 수많은 분석이나 전망은 투자자들에 도움이 되지 않는 경우가 많다는 사실을 알게 되었다. 실제로 우리나라 최고로 우량한 주식에 투자해도 손실을 보는 사람이 많다.

요컨대 나처럼 소심하게 적금과 똑같은 방법으로 간접 투자하는 사람들은 경제 전망이나 주식시장이 오르고 내리는 것에 신경 쓸 필요가 없다. 그냥 조금씩 ETF를 사서 모으다 보면 수익이 발생하는 때가 언젠가 온다. 그때 매도하고 수익을 손에 넣으면 된다. 적금 만기 때 이자와 원금을 모두 찾고 다시 다른 적금을 시작하듯이 목표로 정했던 수익에 도달하면 만기라고 생각하고 찾고 다시 새 적금을 시작하듯 투자하는 '순환적립식'이 지금까지 내게는 가장 단순하고 쉽지만 잃지 않고 지속적으로 수익을 얻는 방법이었다.

투자 고수 5인의 투자법
- 나는 어떤 유형?

자기 자신을 알아야 투자의 게임에서 이긴다!

지피지기면 백전백승이라는 말처럼 투자자는 자기 자신을 알아야 한다. 자신의 성향을 파악하지 못한 채 무작정 다른 사람이 하는 대로 투자한다고 똑같이 좋은 결과를 얻을 수 없다. 세계적인 투자 고수들은 그들만의 투자방법이 있다.

고수 다섯 명의 투자방법을 간결하게 요약해보면 공통점과 차이점을 더 잘 알 수 있다. 이들 중 경제학자 케인스는 학자임에도 불구하고 투자에 성공하였다. 워런 버핏은 역발상 투자로 가장 잘 알려져 있다. 그리고 존 보글은 뱅가드 그룹의 창시자이자 인덱스 펀드의 창시자로 모든 주식에 투자하라는 철학으로 투자했다.

이들 모두 자신만의 투자방법을 구축해서 실행했다. 한마디로 과거의 주식을 분석하는 고정관념을 버리고 자신만의 원칙을 고수했다. 이들의 방법 중 어떤 게 자신에게 가장 적합한지는 실제 투자를 해봐야 알 수 있다. 나는 워런 버핏의 잃지 않는 투자 원칙을 가장 중요하게 생각하며 레이 달리오와 존 보글 두 사람의 방법을 추구한다. (투생의 투자법에 대한 자세한 내용은 넷째마당 참고)

세계적인 고수 5인의 투자법

워런 버핏	존 보글	케인스	레이 달리오	폴 튜터 존스
역발상 가치 장기투자	인덱스 펀드 창시	역발상 가치 집중투자	올웨더 투자법	리스크 관리
보유 종목 대부분이 저변동 우량 가치주, 소심한 저변동 투자. 그러나 수익률은 최고	주식을 골라 수시로 사고파는 대신 모든 주식을 통째로 사 그대로 보유	소수의 편에 서서 시세 하락 때 가치주에 집중투자, 장기투자	어떤 상황에서도 수익을 얻을 수 있도록 여러 자산에 분산투자	자신이 틀릴 가능성이 있다고 인정하고 만약의 사태에 항상 대비

↓

투생의 투자 포트폴리오

워런 버핏 저변동 + 존 보글 인덱스 + 레이 달리오 분산투자

↓

당신의 포트폴리오는?

당신은 어떤 유형의 투자자가 될 것인가?

차분하게 '나는 어떤 투자자인가?' 생각해보자. 돈을 예금에 넣어두기만 하는 예금자는 투자를 하지 않기 때문에 비(非)투자자다. 즉 투자자가 아니라는 뜻이다. 자기 돈을 다른 사람에게 맡기거나 펀드에 넣으면 소극적 투자자다. 이런 사람들은 금융 전문가들의 말을 잘 따른다. 반면 스스로 투자 포트폴리오를 만들고 자산을 관리하는 사람은 적극적인 투자자다.

나는 처음에는 비투자자에서 소극적 투자자가 되었고 늘 하던 펀드만 오랫동안 하다가 ELS◆같은 중수익 상품으로 영역을 넓혔지만 이 상품의 단점을 보완한 ETF라는 투자상품을 혼자서 공부하며 연습투자를 시작했다. 투자공부를 지속적으로 하지 않으면 투자의 영역을 확장할 수 없다. 더 나은 방법을 시도하지 않으면 스스로 한계를 만들게 된다. 공부하지 않고 투자하겠다는 것은 나침반 없이 길을 찾겠다는 것과 같다. 대개 학습과 경험이 적을수록 투자에 대한 편견이 많다. 소극적인 투자자가 수익이 낮다고 막연히 생각하는 것도 많은 사람들의 편견이다.

주식시장 상황에 따라 연 20% 이상 수익이 가능한 ETF 종목도 많다. 단, 고수익은 고변동과 고위험이 항상 동반된다는 것은 잊지 말아야 한다. 선택은

◆　ELS(Equity-Linked Securities): 주가연계증권. 투자금 대부분을 우량 채권에 투자해 원금보존을 추구하고 나머지 소액을 특정 주식이나 주요국가의 지수옵션에 투자해 대개 연 5~10% 수익을 추구하는 증권사가 발행하는 투자상품. 개별주식에 투자하는 종목형보다 주요국가 지수에 투자하는 지수형이 더 안정적이다. ELS는 상품마다 상환조건이 다르지만 일반적으로 3년 만기 6개월마다 조기상환 기회가 있고 각 조기 상환일에 조건이 충족되면 만기 전 조기상환되어 원금과 수익이 확정된다. 조기상환 기회는 일반적으로 3년 동안 5번 있다. 한마디로 ELS는 도중에 손실 확정구간을 터치하고 만기까지 주가나 지수가 오르지 않아 조건이 충족되지 않으면 원금 손실되는 조건과 확률에 근거한 투자상품.

항상 자신의 몫이다. 하지만 예금만 하며 비투자자로 살면 인플레이션으로 시간이 흐를수록 돈의 가치가 적어지기 때문에 결국 손해를 보게 된다. 반면 소극적이든 적극적이든 꾸준히 바람직하게 투자를 하면 시간이 흐를수록 예금자들보다 자산은 훨씬 더 증가한다.

공격 vs 보수 투자성향에 따른 분산투자 2단계

주식과 채권을 1:1로 분산하면 안전할까?

투자는 늘 예상치 못한 위험이 존재하기 때문에 언제든 돈을 잃을 수 있다. 그렇다고 안전하게 투자하는 일이 불가능한 건 아니다. 투자자산을 분산하면 100%는 아니라도 위험을 80%까지 감소시킬 수 있다. 그러나 분산투자도 철저한 계획을 세워야 한다.

외부적인 변수는 논외로 치더라도 주식과 그 반대로 움직이는 채권을 각각 1:1로 분산하면 어떨까? 꽤 안전하게 느껴질 것이다. 하지만 실상은 채권과 주식은 3배 정도 위험 즉 변동성의 차이가 있기 때문에 주식과 채권 1:1 동일 비중 분산은 상당히 공격적 투자다. 보수적인 투자자가 이 비율로 투자한다면

상당히 마음이 불편해진다. 그렇다면 투자자 성향별로 어떻게 분산투자해야
좋을까?

| 1단계 | 모든 성향의 투자자는 먼저 인덱스 ETF로 분산할 것

　　주식의 경우 손실을 최소화해서 승리하는 방법은 개별 종목보다는 인덱스
위주 ETF(지수 ETF) 투자가 좋다. 좀 더 깊이 들어가 주식으로 분산한 자산을 시
간, 가격, 그리고 전략적으로 분할매수하면 더 안전해진다.

　　하지만 경험 많은 노련한 고수가 아닌 평범한 사람이 스스로 전략을 세워
분할매수하면서 분산투자한다는 것이 말처럼 쉽지 않다. 게다가 분산투자하
면 안전하지만 큰돈을 벌지 못한다고 반대하는 금융권 전문가도 있다. 그럼에
도 불구하고 여전히 절대다수의 고수들은 투자자산을 분산하고 자신이 미리
결정한 변동성의 한계에 맞춰 투자를 조절하면 꽤 안전한 투자를 할 수 있다
고 한다.

　　다음 표에서처럼 초보자는 매달 '시간 분할 매수' 방법으로 투자하다가 능숙

해지면 '전략 분할 매수'로 투자하는 것을 권한다.

분할매수 3가지 방법

시간 분할 매수	가격 분할 매수	전략 분할 매수
매달 정해진 날짜에 매수	다른 가격에 나눠서 매수	내릴 때 더 매수 오를 때 덜 매수
매달 10일에 매수 또는 월급날 매수 등	10,000원(10만원) 9,000원(10만원) 8,000원(10만원)	10,000원(10만원) 9,000원(20만원) 8,000원(30만원)

> 경험 없는 초보자는 매달 정한 날짜에 '시간 분할 매수' 방법으로
> 시작해 익숙해지면 '전략 분할 매수'로 변경하는 것이 좋다.

| 2단계 | 투자성향에 따라 현금 + 채권 비율 조절

분산투자의 목표는 서로 반대로 움직이는 자산을 보유해 위험을 감소시키고 수익은 더 높이는 것이다. 주식과 채권은 단기적으로 서로 반대로 움직이지만 장기적으로는 둘 다 우상향하기 때문에 플러스 수익이 발생할 확률이 크다.

다음 페이지의 표를 살펴보자.

분산투자의 경험이 전혀 없는 사람이라면 가장 먼저 보수적 투자로 접근하자. ❶번 투자자처럼 인덱스 같은 단순한 주식형 ETF와 현금 두 가지로 50:50 투자하면 가장 단순해서 실천하기 쉽고, 안정적이다. 단점은 수익률이 낮다는 것이다.

❶번 투자자보다 더 높은 수익률을 원하면 ❷번 투자자처럼 현금 대신 채권 ETF를 대체해서 50:50으로 조정하면 된다. 그러나 위험성은 더 높아진다. 이때 채권형 ETF 비율을 높이면 안정성은 더 높아지지만 수익률이 좀 더 낮아진다.

❶번 투자자와 ❷번 투자자의 방법을 보완한 게 ❸번 투자자의 사례인데 주식형 ETF, 채권형 ETF, 현금을 30:30:40 비율로 조정하면 전체 포트폴리오 변동성이 더 낮아지게 되어 손실방어효과가 높아진다. 채권은 사실 현금을 은행에 그대로 보유하는 것보다 1%라도 더 높은 수익을 추구하기 위한 것으로 크게 보면 현금자산에 포함된다. 채권에 대해 잘 알지 못하고 내키지 않는다면 대신 달러 ETF를 대체해도 무방하다.

투자성향에 따른 분산투자 예시

	❶ 2분법(보수적 투자)	❷ 2분법(공격적 보완)	❸ 3분법(공격적 보완)
분산자산	인덱스 ETF : 현금	인덱스 ETF : 채권 ETF (미국채)	인덱스 ETF : 채권 ETF(미국채) : 현금 〔채권 ETF는 달러 ETF로 대체 가능〕
비율	50:50	50:50	30:30:40
효과	수익률 ↓ 안정성 ↑	수익률 ↓ 손실 방어 효과 ↑	손실 방어 효과 ↑ 전체 포트 변동성 ↓
보완책	현금 대신 채권 ETF로 대체하면 수익률 조금 ↑ 단, 안정성은 조금 ↓	주식형과 채권형 ETF 비율을 30:70으로 조정하면 안정은 더 높지만 수익률 ↓	주기적 비율 재조정으로 수익률 더 ↑

채권 ETF와 달러 ETF는 안정자산?

세계 3대 주요 투자처는 **부동산, 주식 그리고 채권**이다. 가장 많은 자금이 투자되는 이 세 가지는 각각 장단점이 있다. 알다시피 부동산은 큰 자금과 레버리지 즉 대출이 필요하지만 매매가 쉽지 않아 자연스럽게 장기투자로 이어진다. 주식은 적은 돈으로 가장 큰 수익을 얻을 수 있지만 의도적으로 찾아보지 않으면 겉으로 드러나지 않는 거래 비용이 쌓여 많아지고 매매가 쉬워 잦은 거래로 장기투자 실천이 잘되지 않는다. 따라서 단기적으로 투자하는 경우 수익을 얻기 어렵다. 그리고 채권은 수익이 주식에 한참 미치지 못하는 단점이 있지만 현금 보유보다는 조금 더 수익이 높고 발행처가 망해 없어지지 않는 한 원금과 약속된 이자를 받을 수 있어서 안정성이 높다. 큰돈을 가진 자산가들의 주요 투자처이기도 하다. 그래서인지 대부분의 보통 사람들은 채권에 거의 관심도 없고 투자도 거의 하지 않는다.

큰손이 좋아하는 채권, 왜 보통사람들도 관심을 가져야 할까?

그런데 왜 소액 투자하는데 채권도 분산자산으로 굳이 보유해야 하는지 채권의 중요한 용도를 모르던 과거에는 나도 의아했었다. 채권은 금리가 높을 때 시작해서 금리가 내려야 수익을 얻을 가능성이 크고 부자들의 주요 투자처라는 사실 외에 중요한 용도가 있다. 주식형 펀드나 주식형 ETF로 장기투자하면 물론 수익은 채권 투자보다 훨씬 더 높다. 하지만 채권의 중요한 한 가지 용도가 있다. **채권은 단기적으로 주식과 반대로 움직여 주식시장이 나쁠수록 수요가 많아져 수익률이 상승해 포트폴리오 변동성을 줄여준다.**

실제 투자해보면 주식시장이 좋지 않을 때 채권 ETF 수익률이 높아져 전체 포트폴리오 손실을 방어해줘서 마음이 훨씬 덜 힘들었다. 즉, 채권 투자의 주요한 용도는 수익의 관점보다 투자자의 심리적인 안정감이다. 투자를 하다 보면 언제든 주식시장의 변덕에 마음이 불편하고 흔들리는 것을 어느 정도는 막아주는 착한 역할을 채권이 하는 것이다. 그래서 MMF 같은 단기 채권상품에 투자 기간 1년 미만 자금을 넣어둔다.

달러는 보험과 같은 역할, 투자금의 10% 보유

달러자산도 채권처럼 주식 같은 위험상품과 반대로 움직이는 **안정자산**의 하나다. 달러는 세계에서 가장 안전한 통화로 주식이나 주식형 ETF 또는 주식형 펀드와 함께 분산하면 보험 같은 역할을 한다. 전체 투자금의 10% 정도는 보험 든다는 마음으로 보유하면 위기상황에 수익률이 올라 전체 투자포트폴리오 변동성을 줄여서 손실률을 감소시킨다. 주식시장이 나빠져 주식형 ETF 수익이 하락하고 채권이나 달러 ETF수익률이 오르면 분산해 보유하기를 잘했다고 느끼게 된다.

14

초보자를 위한
세심한 ETF 포트폴리오

보수적 초보자를 위한 포트폴리오

분산투자방법은 성향에 따라 달라진다. 스스로 편하게 투자를 이어갈 수 있게 분산하면 된다. 단, 경험이 없는 초보자는 단순할수록 좋다. 투자를 시작한 지 오래되지 않았다면 세계 주요국가 인덱스 ETF 위주로 분산하고 언제든 추가로 투자할 현금을 보유하는 것이 좋다. 물론 투자공부와 소액연습투자로 투자 패턴에 익숙해져야 한다는 사실도 잊지 말고 실천해야 한다. 분산한 ETF 종목이 많을수록 관리가 더 힘들고 분산종목이 30개가 넘으며 오히려 효과가 떨어진다.

이번 장에서는 초보자별 성향에 따라 구체적인 몇 가지 포트폴리오를 제시

한다. 물론 절대적인 비율은 아니라 예시일 뿐이다. 처음엔 심플하게 투자를 시작해서 어느 정도 투자패턴이 익숙해지고 시장상황이 좋아지면 비율을 조정하여 조금 더 공격적인 포트폴리오를 구성하는 것도 방법이다.

예를 들어 보수적인 초보자는 변동성 큰 위험자산인 ❶ 주식형 ETF(액티브 ETF 포함)를 30%로, 변동성이 적은 안정자산인 ❷ 채권이나 달러 ETF는 30%로, 그리고 안전자산 ❸ 현금을 40% 보유해서 3가지를 소액으로 꾸준히 장기로 모아가는 단순한 3분법이 좋다. 단, 투자 과정에서 계속 비율이 변하기 때문에 주기적으로 재조정해서 처음과 같은 비율로 맞추도록 노력해보자. 그러면 연 1~2% 수익률이 더 높아진다.

만약 상승장이 와서 수익실현을 하고 포트폴리오를 재조정하고 싶다면 어떻게 해야 할까? 먼저 주식형 ETF를 매도한 후 수익 난 만큼 매도해 채권형 ETF를 매수하거나 현금을 보유하면 된다. 총액 대비 투자 비율을 조정하는 앱(더 리치)을 활용하면 유용하다. (자세한 내용은 96쪽 참고)

초보자 투자 포트폴리오 예(보수적 성향)

위험자산 30%	지수 ETF(국내, 해외)
안정자산 30%	채권 또는 달러 ETF
안전자산 40%	현금(예·적금, MMF, CMA 등)

지수 ETF
30%

채권 또는
달러 ETF
30%

현금
(예·적금, CMA, MMF 등)
40%

주가가 올라 목표수익에 도달하면 오른 금액만큼
주식형 ETF를 매도하고 채권형 ETF를 매수하여 비율을 조정한다.

공격적 초보자를 위한 포트폴리오

분산투자에 대한 감을 익히고 어느 정도 자신감이 붙어서 이전보다 덜 보수적으로 투자하고 싶다면 현금과 채권 등에서 주식 ETF로 비중을 늘리면 된다. 초보자가 보수적 성향일 때는 현금과 채권 등에 70%를 투자했지만 초보자가 공격적인 성향일 때는 다음과 같이 현금과 채권 투자를 70%에서 30%로 줄이는 대신 나머지 40%를 테마 ETF와 지수 ETF로 투자하여 포트폴리오를 자신의 성향에 맞게 조정할 수 있다.

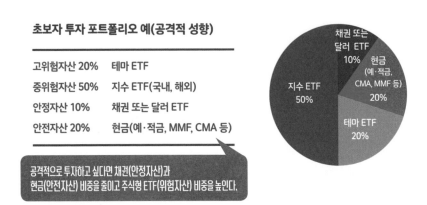

초보자 투자 포트폴리오 예(공격적 성향)

고위험자산 20%	테마 ETF
중위험자산 50%	지수 ETF(국내, 해외)
안정자산 10%	채권 또는 달러 ETF
안전자산 20%	현금(예·적금, MMF, CMA 등)

공격적으로 투자하고 싶다면 채권(안정자산)과 현금(안전자산) 비중을 줄이고 주식형 ETF(위험자산) 비중을 높인다.

- 채권 또는 달러 ETF 10%
- 현금(예·적금, CMA, MMF 등) 20%
- 테마 ETF 20%
- 지수 ETF 50%

투자패턴을 익힌 후 자신만의 포트폴리오를 만들자

다시 말하지만 투자 포트폴리오는 개인의 취향에 따라 얼마든지 달라질 수 있다. 예로 든 위의 두 가지뿐 아니라 세계주요국가 지수 위주나 배당 ETF 종목이나 리츠 ETF 등을 포함하여 자신의 스타일에 맞게 포트폴리오를 만들 수 있다. 세계경제에서 미국 주식시장이 약 25%, 우리나라가 약 1.9% 차지하고 있다. 세계 최고 기술기업 대부분이 포함된 미국지수가 가장 안정적이고 수익률이 좋다. 여기서 꼭 기억해야 할 점은 서로 반대로 움직이는 ETF 종목에 분산투자해야 위험은 줄고 수익은 더 높아진다는 것이다.

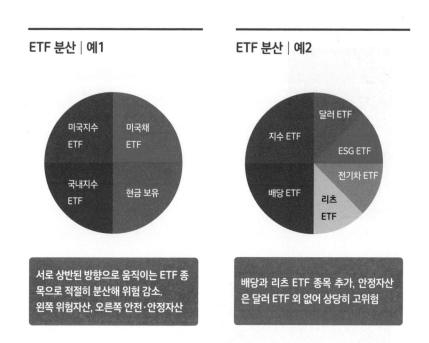

ETF 분산 | 예1

미국지수 ETF
미국채 ETF
국내지수 ETF
현금 보유

서로 상반된 방향으로 움직이는 ETF 종목으로 적절히 분산해 위험 감소.
왼쪽 위험자산, 오른쪽 안전·안정자산

ETF 분산 | 예2

지수 ETF
달러 ETF
ESG ETF
전기차 ETF
배당 ETF
리츠 ETF

배당과 리츠 ETF 종목 추가, 안정자산은 달러 ETF 외 없어 상당히 고위험

주식 ETF 투자 관리를 위한 더리치 앱 활용법

포트폴리오 관리를 위한 앱으로 더리치 앱이 있는데 직관적이고 심플해서 많이 사용하고 있다.

❶ 먼저 더리치 홈페이지(www.therich.io)에 접속해서 아이디를 만든다. 앱을 다운 받아도 된다. 카카오톡이나 구글계정으로 쉽게 만들 수 있다.(PC, 모바일 둘 다 사용 가능)

❷ 그다음에는 마이포트폴리오를 누르고 + 버튼을 누른다. 포트폴리오 이름과 운용 목표를 적는다. 그리고 생성 버튼을 누른다.

❸ 빈 페이지가 뜨는데 아래 그림에서 + 버튼을 누르고 보유종목, 주식수, 매입단가를 입력한다.

❹ 삼성전자를 한글로 검색하거나, 종목번호인 005930으로도 조회가 가능하다. 미국주식의 경우 티커명◆을 입력해야 한다. 애플의 경우 티커명 AAPL로 조회가 가능하다.

❺ 보유종목을 선택하고, 보유수량과 매수가격을 입력하고 자산 추가 버튼을 누르면 추가된다. 같은 방법으로 보유 중인 종목을 전부 입력해보자.

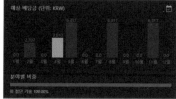

해당 앱을 이용하면 자산구성과 배당금 구성도 한눈에 볼 수 있다. 현재 평가총액 기준으로 자산 구성이 비중 순서대로 표시되며, 입금이 예상되는 배당금도 월별로 확인할 수 있다.

◆ **티커(Ticker)**: 미국주식 이름을 쉽게 표시한 약어를 말한다. 코카콜라(Coca Cola)의 티커는 'KO'이며 마이크로소프트 (Microsoft)의 티커는 'MSFT'로 표시된다. 리얼티 인컴(Realty Income)은 'O'다. 우리나라는 미국주식의 티커와 비슷한 숫자코드가 있다. 삼성전자는 '005930'이다. 참고로 숫자코드 마지막에 숫자 5가 붙으면 우선주를 의미한다. 삼성전자우는 '005935'다.

15

마음 편한 저변동 ETF가
수익률이 높은 이유
(ft. 워런 버핏)

장기투자를 가능하게 하는 저변동 투자

'장기투자가 성공 확률이 높다'는 것은 결론만 말하는 것이다. 그렇다면 어떻게 해야 장기투자가 가능해질까? 가장 먼저 투자자의 마음이 평화롭게 유지되어야 한다. 투자할 때 큰 손실이 발생하면 인간은 본능적으로 '손실 회피 성향'을 보인다. 큰 손실의 발생이 투자를 중단하게 만드는 가장 큰 원인이다. 반대로 수익이 미미해도 계속 발생하거나 손실이 약간만 있다면 장기투자 가능성은 매우 높아진다. 투자를 지배하는 본질은 바로 우리의 마음이다. 그래서 마음이 흔들리지 않도록 손실을 관리하는 게 성공의 핵심이다. 이를 위해 변동성이 작은 '저변동(저위험)' 투자 전략을 세워야 한다.

저변동 투자는 거북이 투자
가장 확실하지만 실천하는 사람은 극소수!

저변동 투자는 저위험 투자방식이다. 저위험 투자는 가늘고 길게 적은 돈을 오래 쌓아가는 것이다. 하지만 대다수의 사람들은 거북이 같은 느릿느릿한 투자를 답답해한다. 대신 며칠, 몇 주, 몇 달 같은 단기간에 큰 수익을 보여주는 변동성이 큰 투자를 선호한다. 그래서 찔끔찔끔 가랑비에 옷이 젖는 것처럼 변동성이 작아서 지루하고 재미없는 투자를 오랜 기간 지속하는 사람은 드물다. 손실이 발생해도 강한 의지로 장기투자라는 좁은 문으로 들어가는 사람은 극소수다.

티끌 모아 태산, 저변동 ETF의 반전!

현금 보유도 투자라는 사실을 알고 난 후 나는 항상 일정한 현금 잔고를 유지한다. 그랬더니 은행 직원이 안부 전화를 하거나 지점에 한번 나오라고 연락하는 경우가 있다. 금융문맹일 때는 혹해서 그들이 권하는 투자상품에 가입했겠지만 요즘엔 안 그런다. 그렇다고 금융권 직원들과 대화를 피하지도 않는다. 그들과 대화하다 보면 내가 미처 생각 못하고 놓치는 점을 알려주기 때문이다.

몇 년 전 은행 직원으로부터 저변동 ETF 종목을 권유받은 적이 있었다. 그당시 나는 '저변동은 글자 그대로 변동성 거의 없는데 그런 ETF 종목으로 얼마나 수익이 나겠어?'라고 생각했다. 나 역시 '크게 올라야 수익도 커진다'는 생각을 했기 때문이었다. 하지만 전 세계 주식시장이 출렁거릴 때마다 크게 오른 주식이 크게 떨어지는 것을 보면서 생각이 바뀌었다. 다시 말해 변동성이 작아 조금씩 오르는 종목은 다른 종목에 비해 수익률의 변화가 미미하지만 하락도 미미하여 투자자의 마음 관리에 용이하다. 뿐만 아니라 장기적으로는 지수를 엄청나게 초과한다는 사실을 뒤늦게 발견하였다. 저변동 ETF 종목을 추천한 그 은행직원이 뒤늦게나마 고마웠다.

투자의 고수가 손실관리에 집중하는 이유

고변동 종목들은 거품이 끼기 쉬워서 추가 상승폭이 제한된다. 반면에 저변동 종목은 거품이 없어서 시간이 지날수록 시장 대비 초과 수익 가능성이 커진다. 일반적으로 수익과 손실은 비대칭이다. 그래서 손실을 줄이는 것만으로도 위험 대비 수익을 높이는 결과가 되기 때문에 저변동 투자는 일석이조 결과를 가져온다.

은행직원이 저변동 ETF 종목을 적극 추천한 이유는 내가 보수적인 성향이라고 판단했기 때문일 것이다. 실제로 원금을 최대한 지키며 1% 미만의 적은 수익도 꾸준히 계속 쌓이면 오히려 시간이 흐를수록 결과는 고수익이라는 반전이 일어난다. 이 사실을 깨닫는 순간 나는 나의 무지함에 무릎을 쳤다. 지식이 투자 위험의 튼튼한 보호막이 되어주기 때문에 투자공부가 필수적이라는 사실은 아무리 강조해도 지나치지 않다. 역시 아는 것이 힘이다.

이와 반대로 고변동 고위험 방식은 투자는 수익이든 손실이든 곱으로 움직이는 복리이기 때문에 손실이 커질수록 원금을 회복하기가 어려워진다. 그러므로 투자는 변동성을 최소화할수록 오히려 손실이 줄어드는 효과가 생겨 자연스럽게 수익이 늘어난다. 저변동 투자는 단기적인 수익이 크게 나지 않지만 변동성이 작아 장기로 마음 편하게 투자할 수 있고 꾸준히 작은 수익이 모여서 커지면 시간이 흐를수록 오히려 고수익의 결과를 낳는다. 한마디로 저변동 투자방식으로 위험 관리를 철저히 하고 원금을 지키는 것이 바로 성공투자의 길이다.

저변동 ETF에 포함된 종목들 - 경기방어주, 가치주

저변동 ETF는 경기방어주, 가치주♦ 같은 비관심 종목들이 대부분이지만 장기적으로 소리 없이 강하다. 워런 버핏이 주로 투자하는 종목들이다. 저변동 포트폴리오로 투자를 한다면 위험은 낮추고 장기적으로 평균 수익률을 높일 수 있다. 단, 투자수익률의 변화가 단기간에 나타나지 않아 재미는 없다. 하지만 투자의 과정이 재미있으면 대부분 실패확률이 큰 고변동 고위험 투자를 하고 있는 것이란 사실을 기억해야 한다.

다시 말하지만 투자수익과 손실은 비대칭이다. 즉 손실 관리를 하면 역설적으로 수익이 자연히 발생하므로 장기적으로 저변동을 유지하면 강력한 고

◆ **경기방어주**: 통신주, 음식료, 제약업종같이 경기흐름과 상관없이 경제상황에 비교적 덜 민감하게 반응하는, 꾸준히 실적을 내는 업종 주식

가치주: 현재 기업의 실제 가치보다 낮게 평가되어 상대적으로 낮은 가격에 거래되는 주식으로 TIGER 우량가치 ETF(227570)로 쉽게 투자 가능

수익으로 이어진다. 이러한 사실을 잘 아는 고수들에게 투자의 제1원칙은 수익추구가 아니다. 바로 손실 관리다.

| 금융 홈 | 국내증시 | 해외증시 | 시장지표 | 리서치 | 뉴스 | MY |

금융검색

금융홈 > 금융검색

'저변동' 검색결과 (총4건)

국내종목 (4) ⌄

종목명	현재가	전일대비	등락률	매도호가	매수호가	거래량	거래대금(백만)
파워 고배당저변동성 코스피	30,780	▲ 15	+0.05%	30,880	30,795	19	0
KODEX 200가치저변동 코스피	10,300	▼ 20	-0.19%	10,350	10,325	577	5
ARIRANG 고배당저변동50 코스피	11,810	▼ 25	-0.21%	11,815	11,775	1,856	21
ARIRANG 중형주저변동50 코스피	11,490	▼ 5	-0.04%	11,500	11,465	7	0

| 1 |

네이버 금융 → ETF를 선택한 후 '저변동'을 입력하면 관련 ETF 종목을 찾을 수 있다.

대표적 저변동 투자자산들 – 채권·달러·현금·저변동 ETF

상대적으로 손실이 작아서 장기투자를 가능하게 해주는 저변동 포트폴리오를 유지하려면 어떤
자산이 포함되어야 할까?

❶ 채권 ETF 또는 **달러 ETF 보유** (위험자산인 주식형 ETF와 반대로 움직이는 자산)
❷ 현금 (주식 보유 비율과 적절하게 배분)
❸ 저변동 ETF

❶ 채권 ETF 또는 달러 ETF는 주식형 ETF와 비교해 수익률은 훨씬 낮지만 주가가 급락 폭락하
면 수익률이 올라 주식형 투자상품의 손실을 방어해준다. 그래서 주식형 ETF로만 투자할 때보다
수익률 변동성을 더 낮게 유지해줘서 심리적 불안감이 훨씬 적다.

❷ 채권이나 달러 ETF 종목이 취향이 아니면 비상금으로 현금을 어느 정도 항상 보유하면 된다.
현금을 비상시에 투입해 손실 난 투자자산을 추가로 매수해 수익률 관리를 할 수 있다. 현금은 예
측할 수 없는 미래에 보험 같은 기능을 하기 때문에 그 자체로 하나의 투자자산이라고 말한다. 그
렇다고 현금이 있으면 당장 어디에라도 투자해야 한다는 급한 생각은 투자 시 바람직하지 않다.
2015년 나는 돈을 놀리는 것보다 조금이라도 수익을 얻으려는 욕심에 있는 현금을 모두 투자한
적이 있다. 세계 증시가 하락하고 투자 조건이 더 좋아졌지만 투자하고 싶어도 할 수 없었다. 그때
현금을 일정 비율 비상금으로 유지하며 투자하라는 조언을 무시한 것을 크게 후회했다. 그 후로
는 무조건 총투자금의 30% 이상의 현금은 항상 MMF나 CMA에 유지한다.

❸ 저변동 ETF도 대표적인 저변동 투자상품이다. 국내 대표 저변동 ETF 종목은 'KODEX 200가
치저변동 ETF'(아래 그래프)인데 상장 이후의 가격을 보여주는 그래프를 보면 초창기 몇 년 동
안은 큰 변동은 없었으나 7년 전부터 계속 투자를 해왔다면 현재 2배 가까운 수익이 발생한 것을
알 수 있다.

16

최고의 ETF 상품 찾기
(ft. 괴리율, NAV, 추적오차)

포털과 증권사 앱에서 ETF 상품 정보 찾기

ETF 상품 정보를 찾아보려면 인터넷 검색창이나 자산운용사 홈페이지 (KODEX, TIGER 등) 또는 증권사 앱 검색창에 종목명을 입력하면 된다.

예를 들어 삼성자산운용이 만든 www.kodex.com에 들어가면 KODEX 브랜드의 ETF 종목을 한눈에 볼 수 있다. 또는 포털 창에 KODEX 200을 입력하면 바로 해당 종목의 정보를 볼 수 있다.

그 외에 네이버 메인 화면에서 → 증권 섹션에 들어가 알고 싶은 ETF 종목명을 검색창에 입력해도 쉽게 해당 ETF 종목에 대한 정보를 찾을 수 있다.

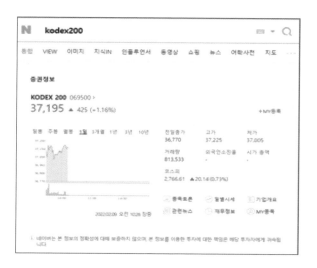

또 거래하고 있는 증권사 앱에서 종목을 검색해 종목정보를 터치하면 해당 ETF 종목에 대한 기본적인 사항들을 알 수 있다.

ETF 상품 선택 체크 사항 - 괴리율, NAV, 추적오차

코스피지수 안에 포함된 여러 종목의 주가는 실시간으로 변한다. 그래서 내가 산 ETF가 개별 주식보다 싸게 산 건지 가늠하기 어렵다. 이럴 때는 순자산가치(NAV Net Asset Value)를 참조하면 된다. NAV는 ETF 한 주의 실제 값어치다. 해당 ETF가 담고 있는 주식의 배당금, 채권 이자, 현금운용수익에서 운용 보수 등을 땐 뒤 ETF 발행수로 나눈 결과다.[*]

NAV = ETF 1주 실제 값어치
(순자산가치)

괴리율 = NAV와 현재 시장가치와의 차이
(순자산가치)

    ETF를 선택할 때 괴리율을 비교해봐야 하는데 괴리율이란 순자산가치 (NAV)와 현재 시장가치와의 차이를 말한다. 이들 간 차이가 심해지면 운용사가 조정하는데 먼저 LP(유동성 공급자)인 증권사가 가격을 맞춰 호가를 9:05~15:20까지 제출한다. 그러나 주식시장 개장 후 5분 (9:05)까지와 폐장 10분 전(15:20~15:30)까지는 LP가 가격을 조정하지 않아서 호가를 따로 제출하지 않기 때문에 이 시간에는 가격 괴리율이 커질 수 있다. 이 시간에 ETF를 비싸게 매수하고 싸게 매도할 가능성이 커지므로 되도록 거래를 하지 않는 것이 좋다.[**]

    예를 들어 1만원에 거래 중인 어떤 ETF의 순자산가치(NAV)가 현재 시장가치인 1만원보다 높다면 괴리율은 마이너스 값을 가지고 이때 ETF 가격이 실

---

[*]   **NAV, iNAV**: ETF 가격의 순자산가치인 NAV는 매일 저녁 한 차례 산출된다. iNAV는 ETF의 실제가치를 실시간으로 보여주는 추정순자산가치를 말한다.

[**]   **ETF 매매 주의사항**: LP가 가격을 조정하지 않는 시간에 더 비싸게 사지 않으려면 실시간 거래가격인 호가가 아니라 더 낮은 저가 위주로 지정가로 주문하는 것이 덜 비싸게 사는 방법이다. 개인적으로 충동적으로 급하게 매수하지 않기 위해 낮은 지정가로 주문을 넣을 때도 있다.

제 가치보다 저평가되었다고 보는 것이다. 따라서 괴리율이 마이너스면 ETF 를 싸게 살 수 있고 괴리율이 플러스면 ETF의 실제 가치보다 비싸게 살 수 있음을 뜻한다. 즉 괴리율 0에 가까울수록 시장 가격과 비슷하게 제값에 사고팔 수 있다.

여기서 추적오차를 함께 보면 좋은데 ETF가 기초 지수를 얼마나 잘 추종하는지 보여주는 지표로 추적오차 값이 작을수록 ETF 운용이 잘된다는 뜻이다. 한마디로 괴리율이 낮고, 추적오차 값이 작고, 거래량이 많은 ETF 종목이 쉽게 사고팔 수 있어 투자하기 유리하다.

약세장을 긍정적으로 생각하라
·····························

우리 삶에 확실한 것은 절대 없다. 주식시장도 마찬가지다. 투자가 어려운 이유가 이 때문이다. 다시 말하지만 투자방법은 너무 단순하고 쉽다. 어려운 것은 투자실행을 결정하는 것이다. 게다가 투자할 때 항상 문제가 되는 것은 '불확실성'이다. 그리고 불확실성이 심할수록 주식시장은 힘을 쓰지 못한다. 그러면 불확실성이 완전히 걷히면 투자해야 할까? 그건 이미 너무 늦게 뒷북치는 것이다. 그렇다면 어떻게 하는 것이 좋을까? 절대로 돈을 잃지 않기 위해 현금을 모으기만 하면서 쥐꼬리만 한 이자를 받기 위해 '확실성'을 보장받는 은행에만 맡겨두는 것이 답일까? 두려움에 빠져 '확실성'을 위해 안전만 추구하면 삶은 지금보다 더 나아질 가능성이 없다.

보통 사람들은 주가가 하락하는 것을 두려워하며 살아가지만 고수들은 그렇지 않다. 약세장을 대하는 고수들의 관점은 대부분의 사람들과 반대다. 오히려 약세장을 긍정적으로 생각한다. 투자자는 아무리 불확실하고 두려워도 불안감을 극복하고 사실에 기반해 용감하게 자신에게 도움이 되는 결정을 해야 한다. 용기는 두려움이 없는 것이 아니라 그것을 극복하는 것이며, 용감한 사람은 두려움을 느끼지 않는 것이 아니라 두려움을 정복하는 사람이라고 넬슨 만델라는 말했다. 고수처럼 약세장을 생각하면 투자수익에 일희일비하지 않을 수 있다. 투자는 자연계와 달리 겨울 즉, 약세장에 씨를 뿌리는 것이 안전하다.

1 | 약세장은 주기적으로 발생한다.
2 | 거의 모든 종목이 가격 할인에 들어가는 약세장의 다른 말은 기회다.
3 | 주식시장이 급락하면 신이 나야 정상이다.
4 | 투자의 최적의 계절은 겨울 즉, 약세장이다.
5 | 약세장은 가장 큰 즐거움을 누릴 수 있는 시기다.
6 | 곰(약세장)을 피하고 도망가는 것이 아니라 죽여야 할 때다.
7 | 위험 감수를 하지 않으면 아무것도 할 수 없다.

약세장에 대한 고수들의 생각을 머릿속에 각인하고 침착하게 약세장을 헤쳐 나가야 한다. 현명한 투자자는 어떤 상황에서도 다각화된 자산 배분, 즉 분산하는 것이 약세장을 슬기롭게 대처하는 방법이라는 사실을 알고 있다.

KODEX 200 vs TIGER 200 상품 비교 예시

특정한 ETF 종목에 투자하기 전에 비슷한 ETF 종목들의 괴리율, NAV, 그리고 추적오차를 보고 선택하면 된다. 예를 들어 코스피지수를 추종하는 여러 개의 ETF 중 KODEX 200과 TIGER 200이 대표적이다. 이 두 가지 중에서 어떤 상품을 선택할지 결정하려면 먼저 네이버 검색창에 KODEX 200을 입력한 후 나타난 화면에서 상품명을 클릭하면 해당 종목에 대한 자세한 정보를 볼 수 있다.

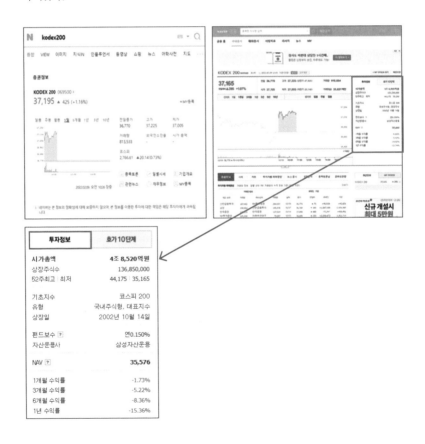

앞의 화면에서 '투자정보'를 살펴보면 시가총액, 보수 등을 확인할 수 있다. 순자산가치(NAV)는 매일 조금씩 변동된다. 일반적으로 시장대표주식을 추종하는 인덱스 즉 지수 ETF는 순자산가치(NAV)와 괴리율이 액티브나 기타 ETF 종목보다 좋다. 이날 KODEX 200 종목의 거래량은 4,930,794주, 거래대금은 181,704백만원이다.

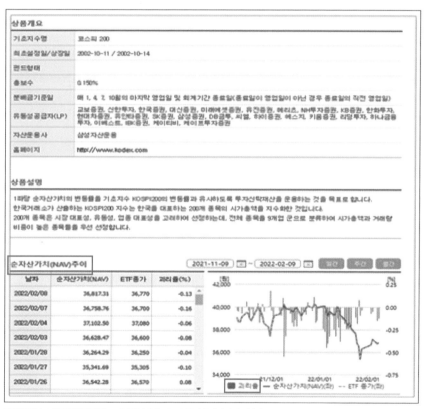

괴리율이 낮고 추적오차 값이 작고 거래량이 많은 ETF 종목이 투자하기 유리하다.

비교할 TIGER 200 ETF 상품정보도 같은 방법으로 확인하면 된다. 총보수는 0.050로 KODEX 200보다 낮다. 순자산가치(NAV)는 해당일에 36,822,41이며 괴리율은 0.13%다. 거래량은 1,503,831주, 거래대금은 55,492백만원이다. KODEX 200에 비해 시가총액이 적고 거래액도 적다.

두 상품 모두 괴리율 차이가 없는 대신 TIGER 200의 보수가 더 싸다. 상품내용에 큰 차이가 없으므로 TIGER 200이 수수료가 좀 더 저렴해 상품 선택에 유리하다.

TIGER 200과 KODEX 200을 비교하면 두 종목이 큰 차이가 없고, 괴리율은 같고 보수만 차이가 있다. 이럴 때는 보수가 적은 쪽이 비용을 아낄 수 있어 좋다.

ETF 투자 전 확인할 것들 - 시가총액, 수수료

ETF도 펀드이기 때문에 관련 비용이 있다. 투자하기 전 해당 자산운용사 홈페이지나 포털 사이트에서 ETF 종목명을 검색해 기초자산과 비용을 미리 확인하자. 앞에서 말했듯이 자산운용사마다 라면이나 초코파이처럼 구성종목이 같거나 비슷한 유형의 종목들이 겹쳐 있다. **ETF 구성이 비슷한 상품이라면 시가총액은 클수록, 수수료는 더 저렴할수록 좋다.** 다음 표는 국내 대표지수 코스피200을 추종하는 지수 ETF 종목 세 개다. 같은 지수 추종 인덱스 ETF지만 만든 자산운용사가 다르다. KODEX 200이 시가총액 즉, 규모가 가장 크고 수수료는 TIGER 200이 가장 저렴하다. 투자하기 전 비교해보고 선택하면 된다.

ETF 상표 (자산운용사)	KODEX (삼성자산운용)	TIGER (미래에셋 자산운용)	KINDEX (한국투자신탁운용)
ETF 종목명	KODEX 200	TIGER 200	KINDEX 200
기초지수	코스피200	코스피200	코스피200
유형	국내주식형, 대표지수	국내주식형, 대표지수	국내주식형, 대표지수
시가총액	5조5,118억원	2조202억원	6,075억원
수수료	연 0.150%	연 0.05%	연 0.090%
주요 구성자산	삼성전자, SK하이닉스, NAVER, 삼성SDI, LG화학, 카카오, 현대차, KB금융, 기아, POSCO	삼성전자, SK하이닉스, NAVER, 삼성SDI, LG화학, 카카오, 현대차, KB금융, 기아, POSCO	삼성전자, SK하이닉스, NAVER, 삼성SDI, LG화학, 카카오, 현대차, KB금융, 기아, POSCO

> 기초지수, 구성자산 = 동일
> 시총 최고 = KODEX 200
> 수수료 최저 = TIGER 200

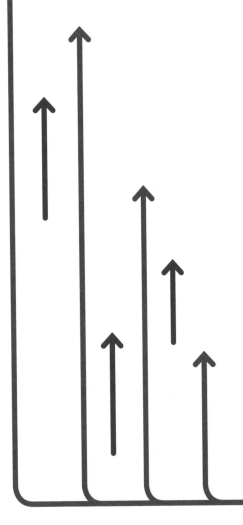

돈이 된다! ETF 월급 만들기

셋째마당

ETF 수익률 높이는
계좌 활용법

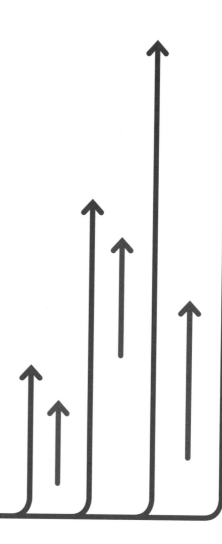

돈이 된다! ETF 월급 만들기

ISA계좌로
ETF 수익률 높이기
(ft. 비과세)

ISA계좌의 장점은 비과세 혜택, 단점은 의무가입기간

2016년 3월에 처음 나온 ISA(Individual Savings Account)는 개인종합자산관리 계좌의 영문 약자다. 은행이나 증권사에서 ISA계좌를 개설하고 예금, 적금과 펀드, ETF, 주가연계증권(ELS) 등의 금융상품으로 투자해 수익이 발생하면 가입자의 연소득에 따라 연간 200만원 또는 400만원 수익에 대해 비과세되어 만능통장이라고 불린다. 2023년부터 ISA계좌의 비과세 한도는 수익에 대해 전액 무제한이 되기 때문에 세제 혜택은 훨씬 더 커진다.

처음 ISA가 출시했을 당시에는 금융회사에 투자를 맡기고 수수료를 지불하는 '일임형'과 가입자가 직접 투자자산을 선택하는 '신탁형' 두 가지였다. 이후 '중개형'이 추가되었다.

ISA계좌 3가지 유형

유형	❶ 일임형	❷ 신탁형	❸ 중개형
투자방법	투자 일임업자가 운용	• 고객이 신탁업자 통해 직접 운용 지식 (=직접 자산을 배분) • 예금 가능	• 증권사에서 가입 & 주식투자 가능 • 고객이 직접 상품 선택 & 투자 • 일반적인 주식투자 투자방법과 동일
수수료	수수료 비교적 비쌈 (0.1~2.16% 금융회사마다 조금 차이)	펀드 0.1~3.4% ETF 0.1~1.05% 예금 0.1~0.2%	일임, 신탁 × = 운용 수수료 × 거래수수료만 발생 　[개별종목 거래 시 부과]
투자상품	초고위험/고위험/중위험/저위험/초저위험 중 성향에 따라 모델 포트폴리오 선택	ETF, RP, 펀드, ELS, **예금**	**주식**, ETF, RP, 펀드, ELS
납입한도	**연간 2,000만원, 5년간 1억원까지 투자 가능** (연간 한도를 납입하지 않은 금액 이월)		
만기	3년 의무보유기간 (5, 7, 10년까지 연장 가능)		
비과세 한도	**일반형** (15세 이상 근로소득자와 19세 이상 누구나 가입 가능) / **200만원** **서민형** (연봉 5,000만원 이하 근로자 또는 종합소득 3,500만원 이하인 사업자) / **400만원** • 이익과 손실 통산/ 비과세 한도 초과분은 9.9% 분리과세 • 만기 해지 시 금융소득이 직장인은 2,000만원 초과, 지역 가입자는 1,000만원 초과면 건보료 증가 가능성 있으나 단점 보완되는 경향이므로 개정될 가능성 큼 **※ 세법 개정으로 2023년부터 ISA계좌 수익금은 전액 비과세**		

◆ **금융투자소득세**: 중개형 ISA계좌가 탄생한 배경. 2023년 1월 1일부터 개인 투자자가 금융투자 상품에 투자해 발생한 소득을 하나로 묶어 과세하며 현재 비과세인 국내 주식 매매이익과 파생결합증권(ELS), 공모 펀드 환매 시 발생한 투자소득에 대해 5,000만원까지 기본공제하고 양도차익 과세 표준 3억원 이내 22%, 초과 27.5% 과세될 예정이다.

ISA계좌의 단점은 5년으로, 의무기간이 길고 도중에 찾으면 비과세 혜택이 사라지며 주식거래는 할 수가 없었다. 하지만 2021년 3년으로 의무기간이 축소되었고 중개형이 신설되어 ISA계좌로도 주식을 투자할 수 있게 개선되었다. 2021년 출시된 중개형 ISA계좌는 유일하게 주식투자가 가능하며 일임형과 신탁형과 달리 위탁 수수료가 없다. 단 개별 종목 주식을 사고팔 때 거래수수료는 있다.

ISA계좌 vs 일반계좌 세금 비교

세금은 항상 어려워 생각만 해도 머리 아프다. 그러나 투자수익률을 갉아먹는 세금을 이해해야 합법적으로 세금을 내지 않게 된다. 비과세와 절세를 알면 내지 않아도 될 세금을 피해 투자수익률을 높일 수 있기 때문이다.

국내 주식, 주식형 펀드로 손에 넣은 수익은 **비과세**다. 국내 주식형 ETF도 펀드의 한 종류이니 당연히 수익이 비과세다. 단, 이러한 투자상품으로 인해 발생하는 **배당**(분배금)소득은 15.4% 일반과세이므로 내야 한다. 미국 S&P, 중국, 유럽지수 등에 투자하는 국내 상장 해외주식형 ETF는 ISA계좌에서는 수익이 비과세이다. 해외시장에 상장된 해외주식형 ETF(직구)는 수익에서 250만 원 공제 후 22% 과세된다. 자신이 투자하는 상품이 비과세인지, 일반과세인지 알고 세금을 피할 수 있으면 현명하게 수익률을 높일 수 있다.

다음 표는 국내 상장 해외주식형 ETF 두 개를 투자했을 때 일반계좌일 때
와 ISA계좌일 때 세금을 비교한 것이다. ISA계좌 내에서 발생한 모든 손익은
그 안에서 합산되기 때문에 주식이나 ETF 투자 시 일반계좌보다 유리하다. 예
를 들어 국내 상장 해외 ETF 2종목을 투자해서 Ⓐ ETF는 300만원 수익이 났
고 Ⓑ ETF는 90만원의 손실이 났다. ISA계좌는 수익손실 합산하여 세금을 적
용하는데, 이때 일반계좌와 ISA계좌 간 세금 차이를 살펴보면 최대 462,000만
원이나 난다. (국내 ETF는 양쪽 계좌 모두 비과세이므로, 여기선 논외)

국내 상장 해외주식형 ETF 투자 시 계좌별 수익 비교

☐ Ⓐ ETF = 300만원 수익   ☐ Ⓑ ETF = 90만원 손실인 경우

	일반계좌	ISA계좌	
수익에서 차감되는 세금	❶ 300만원 × 15.4% = 462,200원 수익손실 합산 ×	일반형 (비과세 200만원)	❷ 300만원(수익) - 90만원(손실) = 210만원 수익손실 합산 ○ → 210만원 - 200만원(비과세 한도) = 10만원 → 10만원 × 9.9% = 9,900원 (2023년부터 세금 0원)
	손실 난 90만원은 차감하지 않음	❸ 서민형 (비과세 400만원)	0원

표의 투자 예시에서 ISA계좌로 투자하면 일반계좌로 투자할
때보다 최대 약 452,100원의 세금을 안 내게 된다.

❶ 일반계좌에서에서는 손실 난 ETF의 90만원은 따로 제하지 않고 오로지 수익 난 ETF 수익 300만원에 대해 일반과세 15.4%인 462,000원을 차감한다.

❷ 중개형 ISA계좌는 수익 난 ETF의 수익액 300만원에서 손실 난 ETF의 90만원을 차감한 210만원에 대해서 과세한다. 중개형 ISA계좌 중 일반형은 비과세 한도 200만원을 차감하기 때문에 나머지 10만원에 대해서만 9.9% 분리 과세되어 9,900원의 세금만 내면 된다.

❸ 중개형 ISA계좌 서민형◆의 경우 비과세 한도가 400만원이기 때문에 아예 세금이 0원이다. 이 계좌를 갖고 있는 사람이라면 일반계좌로 투자했을 때보다 약 452,100원의 세금을 내지 않아도 되니 이득이다.

ISA계좌는 연간 최대 2,000만원까지 납입이 가능하다. 납입되지 않은 금액은 다음해로 이월되기 때문에 3년차 임박 시점에 최대 6,000만원까지 납입하고 투자해도 된다. 만기연장도 가능하며 5년간 최대 1억원까지 투자가능하다. 만약 비과세 한도가 넘어 수익이 났다면 의무가입기간이 지나 해지 후 ISA계좌를 다시 가입하는 게 유리하다.

◆ 금융사에서 중개형 ISA 가입할 때 개인의 연소득(연봉 5,000만원 이하 근로자, 또는 종합소득 3,500만원 이하 사업자)에 따라 서민형, 일반형에 가입할 수 있다. 증권사 앱으로 ISA계좌 개설시 자동으로 서민형, 일반형 분류가 되어 가입.

국내 상장된 해외 ETF는 ISA계좌에서만 비과세!

    KODEX 200 같은 국내 주식형 ETF를 일반계좌에서 투자해서 수익이 난다면? 당연히 비과세이다.(단, 배당수익은 과세) 하지만 앞에서 잠깐 살펴봤듯이 미국 S&P, 중국, 유럽지수 등에 투자하는 국내주식시장에 상장된 해외주식형

투자상품에 따른 계좌별 비과세 혜택

투자상품	일반계좌	ISA계좌
국내 주식형 ETF	수익 비과세 단, 배당수익 15.4% 일반과세	수익, 분배(배당)금 비과세 (일반형 연 200만원, 서민형 연 400만원 비과세) →2023년부터 수익금 전액 세금 0원
국내 상장 해외주식형 ETF	수익의 15.4% 일반과세	수익 비과세
해외 상장 주식형 ETF	수익의 250만원 공제 후 22%과세	거래 불가
주가연계증권 (ELS)	수익의 15.4% 일반과세	비과세
개별 종목 주식	수익 비과세 배당수익 15.4% 일반과세 → 2023년부터 국내 주식 매매 차익 5,000만원 초과 시 22% 금융투자소득세발생	수익 + 배당금 = 비과세

예 : 2023년부터 일반계좌에서 1억원 수익이 나면 5,000만원 공제. 나머지 5,000만원에 대해 20%인 1,000만원 세금 발생.
ISA는 10억원 이상 대주주가 아니면 주식으로 얼마의 수익이 나도 세금 0원.

ETF 수익도 비과세 적용을 받을 수 있다. 단, ISA계좌에서 투자해야 비과세 혜택을 받을 수 있으니 주의하자.

해외 상장된 ETF와 배당 지급하는 ETF는 과세!

미국시장 등 해외에서 상장된 해외 ETF 종목은 ISA로 투자할 수 없다. 군이 투자하고 싶다면 일반계좌에서 해야 하고 수익에서 250만원 공제 후 나머지 수익은 22% 세금을 내야 한다.

배당이 없는 국내 주식형 ETF나 펀드는 투자수익이 5,000만원 미만이면 비과세이니 일반계좌로 투자해도 무방하다. 그러나 배당 수익이 있는 리츠 (REITs), 채권, ELS, 국내 상장 해외 ETF, 고배당 ETF와 일반 과세되는 금, 달러 같은 기타 ETF 종목은 중개형 ISA계좌로 투자해야 현명한 선택이 될 수 있다. 중개형 ISA계좌는 수익에 대해 비과세 한도가 있으며, 한도 초과 수익에 대해서 9.9% 저율과세다. 계좌별로 투자하면 유리한 ETF를 정리하면 다음과 같다.

ISA계좌 vs 일반계좌 추천 ETF

ISA계좌
- 국내상장 해외주식형 ETF
- 장기투자 시 국내지수 ETF (배당금)
- 리츠·채권·달러·금 ETF

ISA계좌는 3년 동안 유지해야 수익이 비과세다.

일반계좌
- 단기투자할 배당 없는 국내 액티브 주식형 ETF

배당 없는 테마 ETF는 일반계좌에서 단기투자하는 것이 유용하다.

2023년까지 혜택이 들쑥날쑥, 꼼꼼히 챙길 것!

언급한 것처럼 2023년부터 세법 개정으로 현재 비과세인 국내 주식과 주식형 펀드 ETF도 5,000만원 이상 수익에 대해서는 과세가 된다. 물론 5,000만원 미만의 수익은 일반계좌에서 국내 주식형 ETF 투자를 해도 비과세다. 그래서 소액 단기투자는 일반계좌로 거래해도 세금 문제는 없다.

단, 일반계좌에서 순환적립식 위주로 투자를 하며 샀다 팔았다 하면 적은 금액이라도 반복적으로 내는 세금이 누적된다. 그래서 계좌 한 개만 개설한다면 중개형 ISA가 답이다. 게다가 2023년부터 국내 주식, 펀드, 국내 주식형 ETF, 국내 상장 해외 주식형 ETF, 해외 주식형 펀드의 수익이 전액 비과세로 변경된다. 결국 중개형 ISA계좌는 장기로 투자해야 비과세혜택이 더 강화되어 투자수익의 주된 적인 세금으로부터 자유로울 수 있다.

ISA계좌 해지 시 투자상품 만기 확인 필수!

ISA계좌 의무가입기간 3년이 지났다면 ISA저축한도와 비과세한도를 반드시 확인하고 만기를 연장할지 해지 후 다시 가입할지 결정하자. 중도해지나 가입기간을 연장할 때 먼저 ISA에서 투자하고 있는 상품의 만기를 확인해야 한다. ISA로 예금을 하고 있는 경우 만기 전 중도해지하면 약정 이자를 못 받는다. 주식이나 ETF 같은 투자상품은 손실 난 상태에서 해지하면 손실이 확정된다. 그리고 대개 3년 만기인 주가연계증권(ELS)을 ISA계좌로 하면 중도환매 시 손실이 발생하므로 해지하지 말고 만기 연장해야 주가연계증권(ELS) 수익도 비과세받을 수 있다.

　ISA 납입한도 1억원을 다 채웠거나 비과세한도 200만원(일반형) 또는 400만원(서민형) 초과 수익이 발생했다면 만기 연장 없이 만기금액을 수령하고 해지한 후 다시 ISA에 가입하는 것이 더 유리하다. 그래야 납입한도가 늘어나고 비과세혜택도 더 받을 수 있다. 만기 연장은 횟수 제한 없고 만기 전 3개월부터 1일 단위로 연장 가능하다. 단, ISA계좌 의무기간 3년을 채우지 않고 중도인출하면 비과세 혜택은 없다. 그리고 중도인출은 가능하지만 중도인출금을 다시 납입할 수는 없다.

ISA계좌 특징 총정리

전 금융기관 1인 1계좌	• 일임형 = 은행, 증권사(온라인 가입 ○)
	• 신탁형 = 은행, 증권사, 보험사(방문 가입 ○)
	• 중개형 = 증권사(온라인 가입 ○)
수수료 및 보수	• 신탁형 = 연 0.2%
	• 일임형 = 연 0.1~2.16% 매 분기
	• **중개형 = 수수료 없음**
의무가입 기간	• 최소 3년 동안 가입, **3년 의무기간 전 해지 시 비과세 ×** (감면받은 세금이 모두 추징) • 단, 가입자 사망 또는 해외 이주 등 부득이한 경우는 예외
ISA계좌 세금 징수	계좌 해지 시점(단, 2023년부터 세금 징수 없음)
가입 불가	금융소득종합과세대상 부적격자
중도인출	중도인출 가능 but 중도인출금 다시 납입 불가(납입원금은 계약 기간 중 인출 가능 & 비과세 또는 감면받은 세액은 추징 없음)

18

중개형 ISA계좌로
ETF 매매하기

비대면 중개형 ISA계좌 개설하기

중개형 ISA계좌는 3년간 유지를 해야 하며, 중단기 목돈 마련에 유용하다.
미래에셋 증권 계좌 개설로 예를 들면 다음과 같다.

❶ m.All 앱 설치 후 계좌개설 → 계좌개설 시작 → 중개형ISA를 차례로 선택한다.

m.All 앱 설치   계좌개설 시작 터치   중개형ISA 터치   **125**

❷ 중개형ISA(일반형)를 선택한다. ISA 서민형 전환은 요건이 맞으면 자동으로 변환된다는 창이 뜬다.

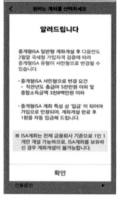
팝업 내용 읽어보기

본인인증

❸ 다음 화면에서 계좌가 생성되면 사용할 계좌 비밀번호 입력 후 만기설정을 최소 의무보유 기간인 3년을 선택한다. 만약 더 연장해 두고 싶으면 만기 직전에 연장해도 된다. 납입 가능 한도 금액이 1억원으로 되어 있는데 이대로 두고 다음으로 넘어가면 된다.

계좌번호 설정   만기일 설정

❹ 모바일 OTP 신청 여부를 결정한 후 투자성향에 대해 답변하고 '다음'을 누른다.

모바일 OTP 신청 여부 결정   투자 성향 진단

❺ 본인인증을 위해 계좌확인 절차를 진행한다. ISA계좌가 개설
된 것을 확인할 수 있다.

본인명의 계좌인증

중개형 ISA계좌로 ETF 매수하기

❶ 증권사 메뉴에서 원하는 ETF를 검색한 후 선택하면 바로 '매수' 버튼이 보이는데 누르면 매
수 화면으로 바뀐다. 자신의 중개형 ISA계좌번호를 확인, 비번을 누르고, 몇 주를 살지, 얼마
로 살지 등을 확인한 후 '현금매수'를 눌러서 주문창이 뜨면 '확인'을 누른다.

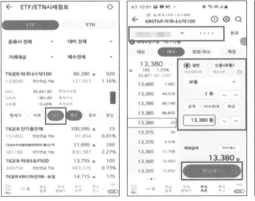

❷ 매도도 같은 방법으로 진행하면 된다. 왼쪽에는 시장참여자들의 호가 상황이 왼쪽에 실시간으로 나타난다. 보다 빨리 사고팔고 싶으면 '시장가'를 누르면 된다.

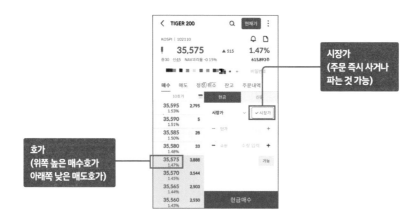

시장가
(주문 즉시 사거나 파는 것 가능)

호가
(위쪽 높은 매수호가 아래쪽 낮은 매도호가)

중개형 ISA계좌 중도인출

중개형 ISA계좌는 급하게 현금이 필요할 때 중도인출이 가능하다. 단, ISA계좌 의무기간 3년을 채우지 않고 중도인출하면 비과세 혜택은 없다. 그리고 중도인출은 가능하지만 중도인출금을 다시 납입할 수도 없다.

증권사 앱에서 이체/오픈뱅킹 메뉴로 들어가 계좌이체를 진행하면 된다. 이때 원금 내에서 인출이 가능하지만 수익금은 인출할 수 없다. 만약 수익금까지 인출하고 싶다면 직접 ISA계좌를 해지해야 한다.

ETF는 현금이 필요한 날 2일 전에 매도할 것

참고로 ETF 거래를 하다 보면 계좌에 예수금, 미수금이 보일 것이다. 예수금이란 주식을 사기 위해 증권계좌에 입금되어 있는 현금을 의미한다. 일반적으로 물건의 거래는 실제 현금을 가지고 거래를 한다. 그러나 주식은 2일이 시간이 더 걸리는데 3일째 되는 날 실제 금액이 입출금되는 구조다. 예를 들어 일요일 ETF 매수를 하면 수요일 출금이 가능하고 반대로 주식이나 ETF를 월요일에 매도하면 수요일에 입금이 되는 식이다. 따라서 현금이 필요해서 ETF나 주식을 매도할 경우, 2일 전에 하는 게 좋다.

19

연금저축펀드로
ETF 투자하기

개인연금 종류는 3가지 – 연금보험, 연금저축펀드, 연금신탁

개인연금 종류는 세 가지다. 은행에서 연금신탁, 보험사에서는 연금보험 그리고 증권사에서는 연금저축펀드를 가입할 수 있다. 연금신탁은 저금리 시대의 고착상태로 인해 판매 중지되어 현재 연금보험과 연금저축펀드를 가입할 수 있다.

연금저축펀드에 ETF를 장기투자하면 저비용과 세제 혜택 두 가지 장점을 최대한 누릴 수 있다. 단, ETF 투자는 증권사 연금저축펀드계좌 개설을 해야 가능하다. 연금저축펀드는 장점이 많지만 단점도 알고 피해야 장점을 제대로 누릴 수 있다.

개인연금 종류 3가지

	연금보험	연금저축펀드	연금신탁
가입처	보험사	은행, 증권사	
세금유형	세제 비적격	세제 적격	
	10년 유지 시 비과세	연 소득 5,500만원 이하 16.5% 연 소득 5,500만원 이상 13.2% 세액공제	
납입방식	정기 납입	자유 납입	2018년 판매 중지
연금기간	확정 또는 종신(선택 가능)	확정	
원금보장	○	×	
기타	공시이율 따르며 개인이 직접 운용 불가	은행 = 펀드, 증권사 = 펀드, ETF 투자 가능 but 개별주식, 해외주식, 개별채권, ELS, 파생상품(레버리지, 인버스) 매수 불가	

ETF 투자가 가능한 상품은 증권사의 연금저축펀드

노후대비용 장기 주식투자에 있어 1순위 가입 상품은 단연 연금저축펀드다. 증권사 앱을 통해 비대면으로 계좌를 개설할 수 있으며 연금저축펀드로는 변동성이 강한 개별종목 주식매수와 레버리지, 인버스 투자가 불가능하다. 대신 증권사에서 개설한 연금저축펀드로 ETF에 투자하면 세제혜택을 받을 수 있다. 연금저축펀드는 연간 600만원 세액공제 혜택이 있으며 연소득 5,500만원 이하인 사람은 99만원을 5,550만원 이상인 사람은 79만2천원을 최대로 돌려받는다. 1억2,000만원을 초과하는 고소득자는 공제한도가 300만원으로 줄어드니 참고하자.

끝까지 납입해 연금 수령하지 않고 중도해지하면 16.5% 기타소득세가 적용되어 손해를 볼 수 있다.

누구나 가입 가능, 만 55세까지 납입해야 세제 혜택

연금과 관련된 세금은 세액공제, 연금소득세, 기타소득세, 종합소득세, 그리고 이자소득세 다섯 가지다. 만 55세까지 기다리지 못하고 중도해지하면 16.5% 기타소득세를 내야 해 손해 볼 수 있다는 점 주의해야 한다.

언급한 것처럼 수수료는 투자수익률에 큰 방해물이다. 연금저축도 시작하기 전에 부담할 수수료는 반드시 잘 따져봐야 한다. 일반 공모 펀드 수수료는 대개 2~3%, 주식형 ETF 수수료는 0.5% 정도다. 그런데 국내 상장 해외 인덱스 ETF 종목은 0.1% 미만으로 수수료가 더 저렴하다. 이 중에서 수수료가 가장 저렴한 국내 상장 해외지수 ETF를 장기로 모으면 수수료도 가장 적게 쌓이니 어느 쪽을 선택하는 것이 유리한지는 쉽게 판단할 수 있다. 적은 비용도 장기로 쌓이면 복리로 커지기 때문에 특히 장기로 해야 하는 연금저축은 저비용일수록 수익률이 큰 차이가 생긴다.

이걸 모르면 금융사에 수수료만 따박따박 내는 호구가 된다. 세금과 죽음은 피할 수 없다는 말이 있지만 제대로 알아두면 안 내도 될 세금을 절약할 수 있다.

ISA계좌와 마찬가지로 연금저축펀드 계좌에서도 국내 주식형 ETF는 어차피 수익이 비과세다. 따라서 세액공제 상한선이 있는 연금저축펀드 계좌에 넣으면 수익률이 높아질수록 손해다. 즉 내지 않아도 될 세금을 의도치 않게 비자발적으로 내게 될 수도 있다. 그리고 MMF나 채권 같은 안정형 투자상품은 주식형 ETF나 펀드처럼 수익률이 높지 않기 때문에 복리투자 효과를 기대하는 연금저축펀드 계좌에 포함하지 않는 것이 좋다.

연금 수령 시 연금소득세는 따로 내야 한다

연금저축 ETF 투자는 수익과 원금은 비과세이지만 연금 수령 시부터 3.3~5.5% 연금소득세를 내야 하기 때문에 완전 비과세는 아니다. 즉, 연금 수령 때까지 세금 납부가 미뤄지는 대신 그 시간 동안 투자되어 절세효과와 복리효과가 발생한다. 한마디로 증권사에서 연금저축펀드 계좌를 개설하고 ETF 종목을 선택해 투자하면 절세 가능한 자유적립식 투자계좌로 사용할 수 있다.

연금 수령은 55세부터 가능하기 때문에 중단기 자금인 결혼, 주택자금용으로 투자하기엔 적절치 않다. 부담스럽지 않은 금액을 꾸준히 납입하고 소득구간에 따라 절세효과를 목표로 하는 게 좋다.

주식시장 상황에 따라 언제든 투자상품인 ETF도 손실이 날 수 있어 연금저축계좌 내의 ETF 종목 수익률이 변동되면 연금수령액도 변동 가능하다. 그러므로 투자경험이 많지 않다면 연금저축펀드 계좌를 개설한 후 현금을 넣어두었다가 ETF에 대한 공부와 연습 투자를 하고 이해되면 자유롭게 투자하는 것이 좋다.

다시 말하지만 반드시 기억해야 할 점은 수수료는 적을수록 그리고 장기로 운용해 변동성을 줄일수록 수익률이 높아진다는 점이다. 그래서 상대적으로 수수료가 적은 국내 상장 해외주식형 ETF와 이자와 배당수익이 큰 고배당 주식형 ETF를 장기투자하면 연금저축계좌에서 세금혜택♦을 가장 크게 볼 수 있다.

◆ **세액공제**: 최종 세금액에서 정해진 금액을 아예 빼주는 것을 말한다. 과세소득금액에서 공제감면되는 소득공제감면과 달리, 세액공제는 산출세액에서 실제세액을 빼준다.

연금저축펀드 계좌 특징 총정리

납입기간	최소 5년 이상	
연금수령	55세 이후	최대 세액 공제를 받으려면 600만원(매달 50만원 납입)
세액공제	• 급여 5,500만원(종합소득 4,000만원 이하) 16.5% • 총급여 1.2억원 이하(종합소득 1억원 이하) 16.5% 납입한도 연 600만원 / 최대 세액공제액 99만원 • 총급여 1.2억원 초과(종합소득 1억원 초과) 13.2% 납입한도 연 600만원 / 최대 세액공제액 79만2천원	투자수익 & 배당금 과세 이연
중도인출	연금저축펀드 계좌 3가지 구성요소 ❶ 세액공제 받은 원금, ❷ 투자수익, ❸ 추가 납입금 중 ❶과 ❷에 16.5% 기타소득세 부과 ------------------------------- 예 : 매년 100만원씩 10년 납입 = 1,000만원 투자수익 100만원일 경우 → 세금 혜택 165만원 받았지만 중도해지 때 182만원 세금 내야 해 손해	추가 납입금과 당해 년 소득공제 받지 않은 납입금은 과세 없음 = **연 600만원 초과 입금에 대해 언제든 불이익 없이 중도인출 가능**
수령세금	만 55~69세 = 5.5% 만 70~79세 = 4.4% 만 80세 이상 = 3.3%	연금 개시 후 추가 입금 안 되고 연금 수령액 이외 기존 보유 펀드나 ETF운용(매수와 매도 가능)
수령방법	10년 이상 연금형태로 지급받으면 됨. 첫해 90% 나머지 9년 동안 10% 인출 가능	연 1,200만원 초과 인출 시 16.5% 기타소득세 부과 + 종합소득세 부과

연금저축펀드 계좌 장점과 단점

장점	• 국내 거주자면 소득 없어도 누구나 가능 • 납입 자유로움 • 중도해지 및 일부 인출 자유로움 • 자산관리 수수료 발생 없음 • 연금저축 계좌 내에서 상품 갈아타도 세금 발생 × • 도중에 금융회사 변경 가능 • 종합소득세합산 되지 않음	목돈 한꺼번에 납입 가능 또는 매달 꾸준히 납입 가능 또는 형편에 맞게 자유롭게 납입 가능
단점	• 최소 5년간 돈이 묶일 수 있음 • 끝까지 유지하지 않고 중도인출하면 16.5% 부과로 오히려 손해 • ETF(펀드)는 언제든 손실 날 수 있어 연금 수령 금액 변할 가능성 • 연간 수령액 1,200만원 초과 시 종합소득세 대상	• 수익률 관리는 자신의 책임(계좌를 만들어 두고 알고 나서 납입하는 것이 좋음) • 자신의 상황에 맞게 부담 없는 금액 납입 • 결혼자금, 주택구입 등 목돈 필요 시 고려 후 가입

20

퇴직연금계좌(IRP)로
ETF 투자하기

소득이 있는 사람만 가입!
퇴직연금 종류는 2가지 – DC형, DB형

퇴직연금은 근로자가 직장이 바뀌어도 저축을 이어갈 수 있으며 안정적으로 노후 대비를 가능케 하는 제도다. 퇴직연금계좌(IRP)와 연금저축펀드 계좌는 몇 가지 다른 점을 제외하면 90% 동일하다. 기본 목적은 둘 다 소득공제와 세금이연을 해주어서 장기로 노후를 대비한다는 점에서 같다.

큰 차이는 펀드 계좌는 누구나 가입할 수 있지만 퇴직연금(IRP)은 소득이 있는 사람만 가입할 수 있다. 그리고 펀드 계좌는 위험자산 투자비율이 100%까지 가능하지만 퇴직연금계좌(IRP)는 위험자산 비율이 70%로 제한되어 있다.

퇴직연금은 회사가 운용해 퇴직 후 받을 퇴직급여액이 사전에 결정되는 확정급여형(DB)과 근로자 즉 개인이 직접 주체적으로 운용해 수익과 손실로 퇴직금이 증가 또는 감소될 수 있는 확정기여형(DC) 두 가지 유형이 있다. 그리고 퇴직금 수령 시 개인퇴직연금(IRP)계좌로 수령받게 되어 있다. IRP계좌는 퇴직금과 저축금이 한 계좌에 들어 있다.

퇴직연금 총정리

퇴직연금유형	확정급여형(DB)	확정기여형(DC)
운용주체	회사	근로자
퇴직급여	확정(퇴사직전 3개월 평균임금 × 재직기간)	운용능력에 따라 퇴직금 증가 또는 감소
운용상품	예·적금, 채권 위주	은행 예·적금, ELS, ETF, 채권 등
추가납입금	×	○

개인퇴직급여(IRP)계좌 = 확정급여형(DB)과 확정기여형(DC)의 퇴직금 수령전용 통장
DB → DC 이전 가능
DC → DB 이전 불가능

퇴직연금계좌(IRP)에서도 ETF 종목으로 투자할 수 있어 세제혜택을 받을 수 있다. ISA, 연금저축펀드 계좌와 마찬가지로 퇴직연금계좌 역시 증권사 계좌에서 ETF 종목 투자 가능하다. 단, 투자상품 운용에 자신 없다면 연금저축펀드 계좌를 만들어 두고 공부하고 소액으로 연습투자 후 익숙해지면 투자할 금액을 늘리는 것이 좋다.

IRP를 하든 연금저축펀드를 하든 또는 둘 다 하든 개인의 선택문제다. 단, 사회초년생의 경우 55세까지 상당히 장기로 납입해야 하기 때문에 되도록 부담 없는 금액으로 하는 것이 현명하다. 게다가 금융사마다 수수료가 다르니 확인하는 것이 좋다. 아무리 좋은 제도라도 스스로 알지 못하면 하지 않는 것과 차이가 없다. 세금혜택이라는 장점만 생각하고 모르는 상태로 다른 사람들이 한다고 무턱대고 따라 해 적절하지 못한 투자상품을 포함하거나 중도해지하게 되면 큰 장점을 누리지 못할 수 있다.

연금저축펀드 & IRP계좌의 공통점

목적	장기투자로 노후대비
혜택	세액공제로 연말정산
세액공제	연소득 5,500만원 이하 16.5%, 이상 13.2%
운용주체	가입자 본인
가입기간	최소 5년 이상
수령기간	10년
수령연령	55세 이상
수령세금	만 55~69세 5.5%, 만 70~79세 4.4%, 만 80세 이상 3.3%
납입한도	연 1,800만원
납입방식	자유납입 또는 적립식
ETF 편입	증권사 계좌에서 가능
중도인출	기타소득세 16.5%
금융사이전	가능

연금저축펀드 vs IPR계좌 비교

	연금저축펀드	IRP
가입자격	모든 사람(어린이도 가능)	소득 있는 사람
세액공제 & 납입한도	600만원	900만원
	연금저축과 통합 900만원 (연금저축 600만원이면 IRP는 300만원 가능 연금저축 + IRP 통합 연 1,800만원 납입 가능)	
수수료	× (단, 투자상품 운용 수수료 있음)	자금 넣어두기만 해도 0.2~0.6% (삼성증권, 미래에셋, 한국투자증권, NH투자증권은 없음)
위험자산투자	100%	70%
금융상품	해당 금융회사 상품	여러 금융회사 상품 교차가입
중도인출	○	× (천재지변, 파산, 주택구입 등 불가피한 경우 예외)
담보대출	○ 적립금의 40~60%	×

21

투자 3적 조심!
- 투자자, 수수료, 세금

투자자는 자신의 마음을 다스리는 게 최고!

투자수익률에 영향을 주는 3대 적은 투자자 자신, 수수료, 그리고 세금이다. 먼저, 투자자라는 첫 번째 적을 어떻게 물리칠 수 있을까? 다시 말하지만 투자는 기본 지식이라는 나침반과 투자자의 실천력으로 작동한다. 요컨대 투자자에게 지식은 잠재력이고 실행이 진정한 힘이다. 이 필수적인 요소를 갖추지 못한 투자자는 단기적인 투자 성과에 과도하게 유혹받고 자신이 알고 있거나 이해하는 것을 익숙한 것으로 착각해 투자손실을 입는다. 투자의 고전《현명한 투자자》의 저자이며 워런 버핏의 스승인 벤저민 그레이엄은 항상 투자자 자신이 투자의 가장 큰 적이라고 했다. 다시 말해, 투자자가 꾸준한 학습으로 자신의 마음을 다스리지 못하면 투자는 망한다.

복리만큼 수익을 깎아 먹는 수수료

투자할 때 대부분의 사람들이 간과하는 중요한 사실은 투자수익만 복리로 움직이는 것이 아니라 수수료도 복리로 증가한다는 것이다. 바로 수수료가 두 번째 투자의 큰 적이다.

투자자가 알지 못한 채 서서히 조금씩 새어 나가는 돈이 시간이 흐를수록 어마어마한 금액이 된다. 미국의 한 조사에 의하면 연봉 3,200만원 노동자가 5% 정도 연금을 불입하면 평생 수수료 1억7,000만원 정도를 내게 된다고 한다. 5년 연봉에 해당하는 큰돈이며 투자자 총수익의 3분의 2는 수수료다. 투자할 때 숨어 있는 이런저런 수수료에 대해 알기만 해도 거금을 절약하게 되기 때문에 현명한 투자를 위해 수수료를 적게 낼수록 수익이 높아진다는 사실을 꼭 기억해야 한다.

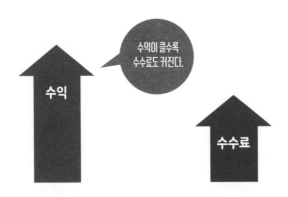

2~3% 수수료를 한 사람이 한 번 내는 것이 아니라 고속도로 통행료처럼 많은 사람들이 매년 계속 내기 때문에 엄청난 돈이 된다. 금융권 직원들은 바로 이 '수수료'로 고액 연봉을 받는다. 아래는 세 가지 금융상품을 비교한 표다.

금융상품 종류	수수료	상품 구조	장단점
❶ 액티브 펀드	연 2~3.8%	고수익 추구를 위해 펀드매니저가 임의로 사고팔아 회전율 높아져 고수수료 발생	지속적인 수수료 증가로 장기투자 시 인덱스 수익의 절반인 경우 대부분이나 강세장일 경우 고수익 가능
❷ 인덱스 펀드	연 0.7~1%	펀드매니저 없고 기계적으로 특정지수 추종해 수수료 저렴함	수수료 절감되어 액티브 펀드보다 매년 1% 수익률 상승, 단, 상승장에서 액티브 수익보다 수익률 낮음
❸ ETF	연 0.05~0.8%	투자자가 직접 사고팔아 최저 수수료	저비용과 빠른 환금성으로 편리하고 수익성 높지만 단기적으로 대응하는 경향 높음

❶ 액티브 펀드는 펀드에 포함된 주식들을 주관적인 판단에 따라 매니저가 자주 사고팔아 거래비용과 세금이 빈번하게 발생되어 수수료가 비싸다. 반면 ❷ 인덱스 펀드는 코스피200이나 S&P500 같은 특정한 지수를 기계적으로 추종해 펀드매니저가 없어 수수료가 액티브 펀드의 3분의 1 정도로 저렴하다. 하지만 ❸ ETF는 투자자가 주식거래와 같은 방법으로 투자자가 직접 사고팔아 가장 저렴한 수수료와 빠른 환금성으로 가장 이상적인 투자상품이다. ETF가 우리 시대 최고의 투자상품인 가장 큰 이유다.

비과세 혜택을 놓치지 말 것!

투자의 3대 적의 세 번째는 세금이다. 소득이 발생하는 모든 곳에 세금이 존재한다는 것은 상식이다. 당연히 투자해서 수익을 얻으면 수익금에 대해 과세된다. 1,000만원을 투자해 연 10% 수익률이면 100만원을 손에 넣는다. 수익금 100만원에 매겨진 과세체계에 따라 순수익은 차이가 난다.

투자금 1,000만원 (수익 10%)

'순 수익 100만원, 세금을 빼고 손에 쥐는 돈은?'

비과세면 수익을 고스란히 손에 넣지만 세금을 제하면 과세율에 따라 15만원에서 22만원은 수익에서 차감된다. 투자수익이 발생할 때마다 계속 내는 세금도 쌓이면 수수료 못지않게 수익을 갉아 먹는다. 결국 투자자는 세금 지출에 항상 관심을 갖고 합법적으로 피할 수 있으면 최대한 피해야 새어나가는 돈을 최소화해 투자수익을 훨씬 더 높일 수 있다.

삶의 통제자는 자신뿐!
....

투자자는 투자하는 도중 수익률이 나빠졌다고 우울해하거나 신경 쓰지 않도록 항상 노력해야 한다. 하지만 경험이 많지 않은 초보자들의 경우 말처럼 쉽지 않다. 특히 돈과 관련된 일에서 우리의 심리는 숫자에 민감하게 영향받는다. 고수들은 항상 투자자에게 가장 우선이 되어야 하는 일이 스스로를 다스리는 일이라고 조언한다. 가치투자의 고수이며 투자 성공을 위한 마음가짐의 중요성을 '장기적으로 뛰어난 투자 성적을 얻으려면 단기적으로 나쁜 성적을 견뎌야 한다'고 한 세스 클라먼(Seth Klarman)의 말처럼 지금 당장 환매하거나 매도해서 수익이 확정되지 않았는데 평가금액이 하락했다고 일희일비하는 것은 불필요한 감정 낭비. 매일 투자수익은 변하는 것이 자연스러운 현상이니 그러려니 해야 한다.

원금 손실 가능성 100%라도 개별 주식 종목이 아닌 간접적인 패시브 투자상품 펀드와 ETF 투자는 도중에 수익률이 마이너스라도 평가금액은 신경 쓰지 않고 기다리면 수익을 손에 넣을 수 있다. 자신이 투자하고 있는 ETF 수익률이 하락하더라도 당장 찾아서 쓸 돈이 아닌 충분히 오래 기다릴 수 있는 돈으로 투자했다면 걱정은 넣어두기 바란다. 투자수익은 늘 변한다. 내일 오를 수도 있고 내릴 수도 있다. 연 10% 투자수익이면 매달 1% 미만 수익이 발생하는 것이다. 중요한 것은 목표로 한 수익이 발생할 때까지 마음을 다스리며 기다리는 것이다. 즉 버티는 것이 가장 현명한 자세이고 투자자에게 인내는 선택이 아니라 필수다.

다시 말하지만 주식을 비롯한 다른 투자상품들이 오르내리는 현상은 으레 반복되는 일이다. 오르내리는 변동성이 그것들의 본질이라는 것을 당연시하며 하던 대로 실천하는 것이 투자자가 할 일이다. 장기간 통계에서 최악의 거품 시기에 투자한 사람도 도중에 중단하지 않고 계속 투자를 이어온 경우 은행 예·적금보다 훨씬 더 나은 수익을 손에 넣었다. 요컨대 투자는 자신의 마음을 통제할 수 있으면 기다릴 수 있고 기다리면 시간이 알아서 수익을 만든다. 투자도 사람이 하는 일이고 투자자는 자신이 통제할 수 있고 통제해야만 하는 일 즉, 자신의 마음 통제를 해야 한다. 주식시장의 변동성은 투자자가 통제할 수 없는 일이니 그냥 무시하는 것이 최고의 대응이다.

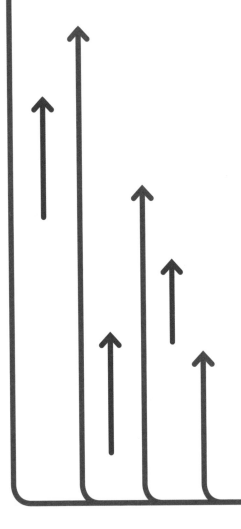

돈이 된다! ETF 월급 만들기

넷째마당

투생의 ETF 수익실현 엿보기

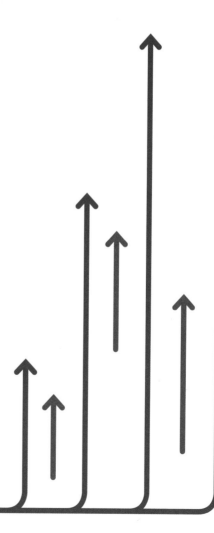

돈이 된다! ETF 월급 만들기

22

투생의 지속 가능한
10% 수익 창출 포트폴리오

'손실 피하기' + '투자원칙 지키기'를 위하여

세계적인 투자 고수들은 자신만의 신념과 전략으로 투자를 한다. 보통 사람들이 활용할 수 있는 이들의 몇 가지 공통된 원칙은 다음과 같다. 바로 '손실 피하기'와 '자신의 투자원칙을 장기간 지키는 것'이다. 이를 위한 나의 포트폴리오는 몇몇 고수들의 장점을 혼합한 방식이다.

잃지 않는 것이 투자원칙인 워런 버핏, 모든 주식에 투자하라는 존 보글, 그리고 어떤 상황에서도 수익을 얻을 수 있도록 반대로 움직이는 자산에 분산하라는 레이 달리오. 이 세 명의 방식을 모두 염두에 두고 포트폴리오를 만들었고 결과적으로 지속 가능한 수익과 복리의 효과를 얻게 되었다.

ETF를 위주로 소액 적립식 투자를 하면 다수의 유망한 주식에 자동으로 분산투자하게 되어 변동성을 최대한 낮게 유지할 수 있다. 설령 손실이 오더라도 기다리며 버티는 것이 힘들지 않게 되면서 장기투자를 가능케 했다.

워런 버핏, 존 보글, 레이 달리오 3명의 투자방식을 혼합

나의 포트폴리오는 지속 가능한 10% 수익이 목표다. 고위험(고변동) 비율은 20%, 중위험 비율은 20%, 저위험(저변동) 현금성 자산 비율은 50%로 구성되어 있다. 현재는 코로나 이후 수익실현을 해서 현금 자산 보유율이 높은 상황이다. 시장상황과 수익률에 따라 포트폴리오는 재조정하고 있다.

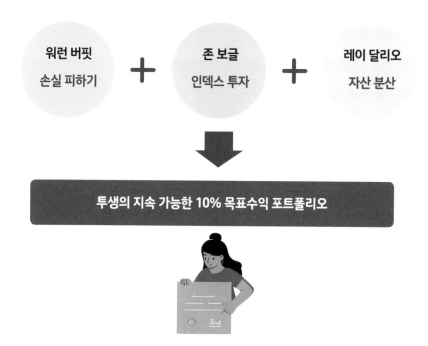

투생의 투자 포트폴리오

위험성(변동성)	투자 자산	비율	보유하는 이유
❶ 고위험(高)	로봇 ETF 신재생 ETF 엔터 ETF 항셍테크 ETF	20%	• 종목마다 수익 나는 시점이 다르니 꾸준히 소액 적립하다 목표수익에 도달하면 매도해 수익실현 후 같은 종목 또는 다른 종목을 다시 적립 시작(순환적립식) • 대개 6개월이나 1년 정도에 한 번 20% 이상 수익 난 종목은 매도해 재조정하는 것이 원칙이나 수익이 나지 않아도 계속 적립(매달 10만~20만원 소액으로 분산해 부담 없음)
❷ 중위험(中)	한국지수 ETF 미국지수 ETF 홍콩지수 ETF 삼성전자	20%	• 지수 ETF 3종목과 배당수익 얻는 우량주 1종목을 장기보유 • 가격이 내릴 때마다 사 모으다 10% 수익 발생 시 매도 후 다시 시작(순환적립식)
❸ 저위험(底)	달러 ETF 금 ETF	5%	• 주식형과 반대로 움직이는 달러와 금에 분산 투자(주식형 하락 시 반대로 올라서 전체 포트폴리오 손실 축소시킴) • 현금만 보유하는 것보다 수익률 조금 더 높음
❹ 현금 보유	CMA, MMF	25%	• 전 세계 주식시장이 많이 올라 2021년 수익 난 투자상품 매도 후 현금 비중이 커짐
❺ 기타	로우볼(저변동) 펀드 달러 우량 채권 펀드 인덱스 펀드 지수 ELS	30%	• 저변동 펀드, 채권 펀드, 인덱스 펀드를 격일로 커피 값 정도 소액 꾸준히 적립 (소액을 꾸준히 500만원까지 적립하고 15% 이상 수익이면 환매할 계획) • 과거 10개 이상 분산투자했던 45% 저낙인지수 ELS 1개(6~7% 중 수익 가능)

과거 오랫동안 ELS와 펀드 위주에서 ETF 위주로 투자 변경

❶ 고위험(고변동)에 포함된 종목은 로봇·신재생·엔터·항셍테크 ETF가 있으며 20% 이상 수익을 목표로 두고 있다. 이렇게 수익이 난 종목은 매도를 해서 재조정하는 것을 원칙으로 한다.

❷ 중위험에 포함된 종목은 인덱스 ETF(한국·홍콩지수 ETF)와 배당주(삼성전자)가 있으며 가격이 내릴 때마다 12% 수익을 목표로 사 모으고 있다.

❸ 저위험(저변동)에 속한 종목은 현금성 자산으로 달러 ETF, 금 ETF가 있다. 주식형과 반대 성격의 자산으로 분산 차원에서 보유한다.

❹ 현금은 수익실현 차원에서 일시적으로 비중이 커진 상황이다.

❺ 기타 자산으로는 지수 ELS 1종목 보유 중이다. 그리고 매우 적은 돈을 장기로 투자하면 어떤 결과가 되는지 호기심에서 로우볼* 펀드와 달러 채권 펀드와 인덱스 펀드는 돼지저금통에 저금하듯 5,000원 또는 1만원을 적립한다.

여러분도 자신의 성향에 맞게 포트폴리오를 만들고, 처음 세운 원칙에 맞게 투자를 실천해보자. 목표수익에 도달하면 수익을 실현하고 자산을 재조정하는 일을 반복하다 보면 투자에 자신감을 얻을 수 있을 뿐 아니라 장기투자도 지속할 수 있다.

◆　**로우볼**: '낮은 변동성(Low Volatility)'을 뜻하며 주가 변동성이 낮은 안정적인 주식들에 분산투자하는 전략을 사용하는 펀드와 ETF 상품에 투자하면 증시의 상승·하락 폭이 커져서 변동이 심할 때 상대적으로 수익률의 저변동성으로 안정적인 심리 유지가 가능해 투자를 지속 가능하게 할 수 있다. 하이볼은 '높은 변동성(High Volatility)'으로 로우볼과 반대 개념이다.

분할매수와 물타기에 대한 이해

다른 사람들이 투자로 돈 벌었다고 하면 단기간에 큰 수익을 내려고 주식투자의 유혹에 뛰어들었다가 이내 굴복하는 것이 인간의 본능이다. 그중에서도 우량주 투자는 절대 손실을 보지 않는다고 생각하는 것 또한 흔한 착각이다. 더 주의해야 할 것은 개별종목 주식투자하며 손실을 줄이려고 같은 주식을 하락할 때마다 더 매수하는 물타기다. 이는 가장 주된 투자 패배 원인 중 하나다.

흔히 주식투자에서 분할매수와 물타기는 같다고 생각하는데 물타기와 분할매수의 차이는 '계획적'인가 아니면 '즉흥적'인가다. 어디에 얼마를 어느 정도 기간 동안 투자할지 그리고 언제 매도할지 또 언제 추가 매수할지 계획대로 실행하면 '분할매수'다. 반면 무작정 떨어지면 손실을 줄이기 위해 내려가는데 이때 반복해서 무계획적이고 즉흥적으로 매수하면 물타기다.

투자는 철저한 계획과 원칙으로 작동된다. 주식시장은 추세가 한번 바뀌면 그 추세가 같은 방향으로 계속되는 경우가 많고 언제 추세 변화가 있을지 아무도 알 수 없어 무계획적으로 사다 보면 투자금은 어느새 바닥나고 손실은 더 커진다. 펀드나 ETF 같은 패시브 투자든 특정한 주식에 액티브 투자를 하든 분할매수라는 기본적인 방법의 실행은 투자 결과의 큰 차이를 만든다. 아무리 우량주에 투자해도 계획을 세워서 분할매수하면 손실을 최소한으로 줄일 수 있지만 잦은 물타기 반복은 십중팔구 손실로 이어진다.

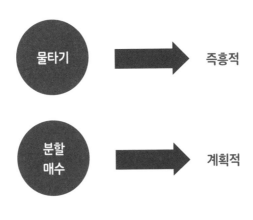

23

투쌤의 수익실현 투자사례 ❶
국내·해외지수 ETF

　과거 적립식 펀드를 오래 하며 얻은 가장 큰 교훈은 어떤 펀드든 계속 내리기만 하거나 오르기만 하는 펀드는 없다는 것이다. 오랫동안 마이너스 상태를 지속해 이 펀드는 도저히 안되는 펀드인가 보다 생각하고 손실이 나서 환매하면 어느새 수익이 올라버리고, 오르기만 해서 계속 오르나 보다 생각하고 욕심내다가 환매하지 않으면 어느새 고꾸라져 수익률이 나빠졌다.

　ETF는 매수와 매도를 해주는 펀드매니저가 없고 투자자가 직접 사고팔아야 한다. 초보자에게 가장 위험이 낮고 실패 확률도 적은 무난한 종목이 인덱스 즉 지수 ETF다. 다음 내용은 내가 투자했던 국내·해외지수 ETF 수익실현에 관한 것이다. 내가 샀던 시점과 팔았던 시점을 복기해보고 선택과정을 따라오다 보면 어느 정도 투자의 감이 잡힐 것이다.

|투|자|사|례|

국내지수 ETF _ TIGER 200 – 수익률 7%

러시아 기업에 대한 트럼프 제재 발표로 러시아 증시가 급락했다는 뉴스를 읽고 얼떨결에 러시아 ETF를 매수했다. 총 250만원 투자로 2개월 정도 후 목표수익 근처인 8% 수익이 나자 매도했다. 첫 번째 투자한 러시아 ETF에 이어 두 번째 ETF는 오래 고민하고 싶지 않아 국내지수 ETF를 투자해보기로 했다.

> 외국 증시에 대해 고민하고 싶지 않아 국내 증시로 눈을 돌림.

PiCK 언론사가 선정한 주요기사 혹은 심층기획 기사입니다.

MT 머니투데이 2018.08.24. 네이버뉴스
트럼프 정치시련은 신흥시장에 악재?
관련 **기업**의 적대적 인수·합병이나 핵심기술 유출을 막기 위한 법안으로, 사실상 중국의 첨단기술 굴기를... 금지>도널드 **트럼프** 대통령의 정치적 시련이 신흥시...

B 브레이크뉴스 2018.08.29.
트럼프 벌써 레임덕? 천우신조 기회 다양한 외교적 매뉴얼 준비...
전달하여 **제재**와 압박해제를 조기에 달성할 수 있도록 최선을 다했으면 한다. 트럼프은 경우, 지퍼게이트는 이미 유죄생직이다. 러시안 12명 기소 수사결과에 따라...

V·A VOA 2018.08.23.
미, **러시아** 신규 **제재...트럼프** "EU자동차 25% 관세"
유럽연합(EU)산 자동차에 25% 관세를 매기겠다고 **트럼프** 미국 대통령이 다시 확인했고요. 이어서, 베네수엘라... 미국 정부가 지난 6월 **제재**를 단행한 **러시아 기업** 다이브테크노 서비스를 지원한 것으로 나타났습니다...

한국경제TV 2018.08.24. 네이버뉴스
[랭킹뉴스] **트럼프** "내가 탄핵되면, 주식시장 붕괴될 것"
시결 "앞둔 협상 타결 시 **증시** 10% 더 상승" 2. **트럼프** "내가 탄핵되면, 주식시장 붕괴될 것" 3. 사우디, 아람코... 미국의 경제**제재**를 받고있는 **러시아**가 미국 국채...

C 조선일보 2018.08.30. 네이버뉴스
'제 2의 플라자합의' 이뤄질까...위안화 절하 5대 궁금증
도널드 **트럼프** 미국 대통령과 무역협상을 책임지는 미국 대표들의 '위안화 공격' 발언이 이어지고 있다.... 미국 **기업** 투자 때 금융지원 금지 등 **제재**를 받게 된다.

국내에는 여러 개의 지수 ETF 종목들이 있다. 가장 규모가 큰 우리나라 최초의 ETF인 KODEX 200이 거래량이 가장 많고 규모도 크다. 하지만 거래량이 약간 적어도 내용 면에선 차이가 거의 없고 수수료가 조금 더 싼 TIGER 200을 선택했다.

인덱스는 가장 마음 편하고 믿을 수 있다는 주관적인 판단으로 투자금이나 기간에 대해 계획도 없이 그냥 조금씩 가격을 따지지도 않고 편안하게 매달 10만~15만원씩 사 모으기만 했다. 역시 13개월 정도 되니 목표수익 7% 정도에 도달했다. 내가 한 거라고는 자유적금과 똑같은 방법으로 그냥 틈틈이 조금씩 사 모은 것뿐이다. 인덱스 ETF는 인덱스 펀드를 여러 번 했기 때문에 익숙해서 투자할 때 마음이 편했다.

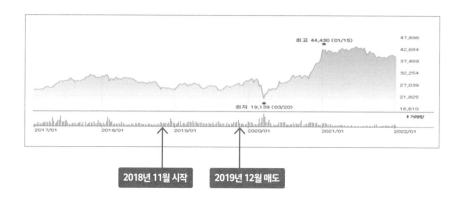

해외지수 ETF _ TIGER 차이나HSCEI - 수익률 7%

홍콩증권거래소에 상장된 중국 기업들 중 우량 기업들을 모아 만든 지수인 항생 중국 기업 지수는 줄여서 HSCEI라고 한다. HSCEI는 10년 넘게 지수 ELS를 하며 늘 종목으로 포함되어 있었기 때문에 내게 친숙한 지수다.

변동성은 큰 편이지만 지켜보다가 어느 정도 하락 후 관련 상품을 가입하면 늘 연 7~15% 수익은 손에 넣었다. 관련 펀드도 여러 번 했는데 가격이 아주 높은 상태가 아니라 어느 정도 내린 상태라면 투자를 시작했다.

가장 오래 보유한 펀드는 2년 정도였고 대개 1년 정도면 수익이 났기 때문에, ETF로 하는 것이 비용이나 매매가 편리하여 HSCEI 펀드는 더 이상 투자하지 않는다. 대신 수수료가 훨씬 더 저렴한 ETF로 한다. 내가 선택한 것은 TIGER 차이나HSCEI ETF다.

역시 예상한 것처럼 1년 만에 목표수익률 7%를 달성해서 모두 매도했다. 만족스러운 수익이 발생했는데 무작정 두는 것보다 이미 올라서 비싸져버린 자산을 정리하고 그 대신 내려서 저렴해진 자산을 매수해야 저절로 포트폴리오가 재조정된다. 특히 이런 변동성이 큰 국가지수를 하염없이 오래 가져가는 것은 좋은 생각이 아니다.

ETF 투자는 어차피 적금 대신 하는 것이고 연 7~10%라는 목적을 달성했으니 적금 만기라고 생각하고 모두 매도해 수익실현했다.

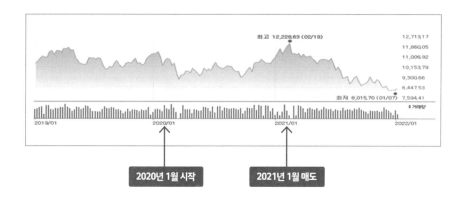

최고 12,228.63 (02/19)

12,713.17
11,860.05
11,006.92
10,153.79
9,300.66
8,447.53
최저 6,015.70 (01/07)   7,594.41

■ 거래량

2019/01   2020/01   2021/01   2022/01

2020년 1월 시작   **2021년 1월 매도**

TIGER 차이나HSCEI 주요 구성 자산

- 중국건설은행
- 중국은행
- IND & COMM BK
- 중국농업은행
- 중국석유화학

- 시누크(중국해양석유)
- 샤오미
- 중국바이오제약
- 체신저축은행
- CSPC제약그룹

2022년 기준으로 HSCEI지수는 미국의 중국 경제 제재로 가격이 고점 대비 30% 정도 하락한 상태다. 그래서 2021년 1월 매도 후 3월에 다시 시작해 보유 중인 TIGER 차이나HSCEI ETF는 현재 수익률이 마이너스다. 하지만 개의치 않는다. 오히려 세계 주요 지수 중 가장 하락한 편이라 거품이 없다고 생각한 다. 그래서 그냥 꾸준히 모으고 있다. TIGER 차이나HSCEI ETF는 중국이라는 나라가 망해서 없어지지 않는 한 끝없이 하락하지는 않는다. 현재 상황이 언 제 좋아질지는 알 수 없으니 길게 늘여서 하던 대로 조금씩 모으고 있다. 그러 면 언제인지는 몰라도 오르는 시기는 온다. 투자는 시간과 손을 잡고 기다려야 하는 일이다. 다시 말하지만 계절의 변화처럼 투자자산도 그 자체의 계절이 있다. 지금 이 지수는 겨울이다. 그리고 봄은 언젠가 다시 온다.

투자에서 문제가 되는 것은 항상 마음이다. 수익률에 민감하게 반응하지 않고 느긋하게 적금 붓듯 매달 적립하고 기다리면 수익은 반드시 발생하는 때가 온다는 것을 항상 기억해야 한다. 이 사실을 잊지 않기 위해 끊임없이 학습하며 스스로를 타일러야 투자하며 기다릴 수 있다.

해외지수 ETF_KODEX 심천ChiNext(합성) - 수익률 19%

나는 대개 신문기사를 읽고 메모해두었다가 지켜본 후 투자를 시작한다. 2020년 여름 코로나 이후 미국의 돈 풀기 경기부양책 덕분에 미국기술주는 많이 상승한 반면 중국기술주는 거의 오르지 않아 투자하기 나쁘지 않다는 기사를 읽었

다. 이런 내용의 신문기사를 읽은 후 바로 중국기술주 관련 ETF 종목을 검색했고 8월에 가격이 9,000원에서 1만원 정도로 정체상태여서 투자하기 나쁘지 않다고 판단했다. 그래서 그날 KODEX 심천ChiNext 매수를 했다.

물론 이 종목도 한 번에 사지 않고 5개월 동안 조금씩 매수했다. 수익률은 큰 변동 없이 약간 손실 난 상태가 계속되었고 5개월 후 2021년 1월 갑자기 상승했다. 미국은 서서히 끊임없이 오르고 변동성이 적은 반면, 중국 주식시장은 계속 지지부진하다가 갑자기 오르는 경향이 있고 변동성도 큰 편이다. 짧은 기간이었지만 19% 수익을 거두었고 이내 매도했다. 그 후 급락했다가 다시 꾸준히 올랐지만 나는 내 목표수익을 달성했고 잃지 않았으니 됐다고 생각했다. 결과적으로 수익률도 나쁘지 않았다. 이 종목은 신문기사를 우연히 좋은 시기에 보게 되어 운이 좋았다고 생각한다.

당장 오르고 있는 것을 팔고 내리고 있는 것을 사는 것이 쉽지는 않다. 원칙을 세우고 계속 지키지 않으면 원칙은 없는 것과 같다. 한두 번 원칙을 어길 수는 있지만 어쨌든 원칙 고수를 위해 몇 번 눈 찔끔 감고 기계처럼 목표수익이 나면 매도하기를 실천하니 익숙해졌다. ETF도 수익 난 건 팔아야 포트폴리오도 재조정을 자연스럽게 하게 된다. 재조정은 장기적으로 매년 수익을 조금 상승시킨다.

포트폴리오를 자로 잰 것처럼 정확하게 처음 비율로 재조정하는 것은 어렵다. 그래서 나는 단기간에 많이 오른 것을 팔고 또 찜하고 메모해 둔 다른 ETF 종목을 다시 시작한다. 이렇게 하면 연 1~2% 정도 투자수익이 올라가는 상승 효과가 발생한다. 수익 난 ETF 종목을 모두 매도해 ETF 개수가 줄어들면 기존에 보유 중인 것 중 마이너스거나 수익률이 지지부진한 ETF는 하던 대로 목표수익률에 도달할 때까지 계속 소액으로 적립한다. 그 밖에 메모해둔 ETF 중 골라서 다시 소액으로 시작하면 적금 풍차 돌리기◆처럼 단순하게 투자할 수 있다.

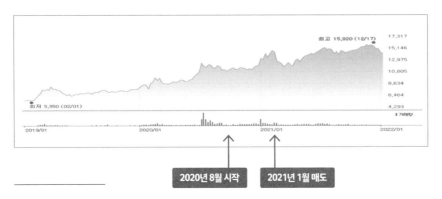

◆　ETF 풍차 돌리기는 42쪽 참고

해외지수 ETF_KOSEF 인도Nifty50(합성) - 수익률 25%

예전에 인디아 펀드를 세 번 정도 투자한 경험이 있다. 인도는 총리의 개혁 정책으로 경제가 계속 발전 중이고 분산투자 차원에서 적은 비율이라도 투자하기로 결심했기 때문에 국내 상장된 인도 ETF 종목을 검색해 KOSEF 인도 Nifty50(합성) 투자를 시작했다. 매수 시점에 많이 오른 상태라 아주 소심하게 가격이 내리는 날에만 조금씩 샀다. 오를 가능성보다 내릴 가능성이 클 것이라고 막연히 생각했는데 내 생각은 역시 맞지 않았다. 투자를 하며 내 생각대로 하는 것보다 내 생각과 반대로 하는 것이 항상 결과가 더 좋다. 이 ETF도 마찬가지였다.

시작한 지 6개월 만에 25% 수익률에 도달했다. 적립금이 적었기 때문에 20%는 넘어야 수익금이 10만원 정도 된다. 투자금이 너무 적으면 수익률이 높아도 수익금이 얼마 되지 않기 때문에 무조건 7%가 원칙이 아니다. 적립금이 제각각이기 때문에 적어도 두 자릿수 수익은 나야 정리한다.

솔직히 말해서 나 역시 인도가 왜 이렇게 잘 오르는지, 이것도 코로나의 역설인지 아니면 정말 어떤 이유가 있는지는 모른다. 그냥 나는 내가 하려고 한 대로 하며 잃지 않고 작은 성공을 하면 된다. 작은 성공들이 모이면 커진다. 가랑비에 옷이 젖듯이 적은 수익도 계속 반복되면 누적효과로 어느새 수익금은 커진다.

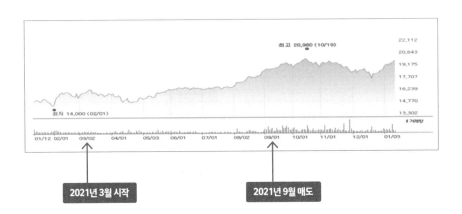

빚 없이 투자하려면 저축이 필수

매달 수입의 20% 저축으로 현금 보유 추천

투자 계획의 우선순위 첫 번째는 빚을 갚는 것이다. 그리고 두 번째는 저축하는 것이다. 반드시 큰 돈으로 투자해야 하는 것도 아닌데 굳이 힘들게 지출을 미루고 절약해야 하느냐고 생각할 수 있다. 하지만 현금도 투자라는 말이 있듯이 저축은 투자의 한 부분이다.

나는 한동안 투자만 해도 된다고 생각했다. 하지만 이는 투자 고수들이 늘 하는 말을 경시하는 태도다. 많은 재무 상담 전문가들도 은퇴 후에는 너무나 많은 시간이 생기고 매일 다른 방식으로 몸이 아프기 때문에 가능하면 70세까지 적은 돈이라도 저축해 비상금을 마련하라고 조언한다.

평범한 월급쟁이들은 정기적으로 저축하고 그 돈으로 투자를 하는 순환구조를 이어가야 하기 때문에 이자와 상관없이 자신의 형편에 맞게 절약 습관을 바탕으로 최소 매달 수입의 20% 정도 되는 저축으로 현금을 늘 보유하는 것이 바람직하다. 그렇다고 장기간 예·적금을 하라는 얘기는 아니다.

다음 그래프는 20년간 주식투자를 했을 때 시점과 방식에 따른 수익률 차이를 보여준다. 정액적립이든, 최악·최적 시점에 투자했든 장기간 주식에 투자했을 때 큰 차이는 없다는 것을 알 수 있다. 다만 은행 예·적금만 장기간 하면 수익률이 확 낮아진다. 포트폴리오에 항상 비상사태를 대비해 구원투수로 현금은 확보해야 하지만 그렇다고 장기간 예·적금만 하는 건 바람직하지 않다. 장기 수익 관점에서 봤을 때 현금만 가지고 있는 경우가 가장 불리하기 때문이다.

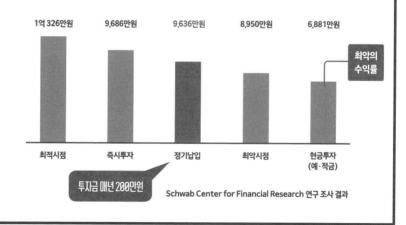

Schwab Center for Financial Research 연구 조사 결과

24

투생의 수익실현 투자사례 ❷
국내 상장 해외 주식형 ETF

| 투 | 자 | 사 | 례 |

KODEX 미국FANG플러스 – 수익률 15%

미국 주식시장은 수년간 계속 우상향하기만 해서 어느 정도 내리면 투자하려고 했다. 하지만 결과적으로 투자 타이밍을 놓쳤다. 미국의 산업구조에 대해 제대로 이해하지 못하고 기다리기만 한 것은 나의 판단 착오였다.

미국과 기타 국가 경제구조의 가장 큰 차이점은 기술과 제조다. 후진국은 농업 같은 1차 산업 위주 경제이고 이머징(emerging)국가라고 불리는 개발도상국은 제조업 위주다. 물론 독일의 경우는 자동차 제조업이 큰 비중을 차지하여 예외적이긴 하지만 미국 같은 선진국은 첨단기술 산업의 비중이 크다. 첨

단기술 기업들 대부분이 미국에 있고 이런 기업들은 인간의 노동이 아닌 높은 수준의 기술을 기반으로 전 세계에서 수익을 창출한다.

중국같이 아무리 자본력이 막강한 국가라도 미국의 현재 기술력을 극복하는 데 시간이 많이 필요하고 산업구조가 한순간 바뀔 수 있는 것이 아니기 때문에 앞으로도 상당히 오랫동안 미국 주식시장과 나머지 국가들의 주식시장은 차별화될 것이 분명하다. 그래서 많이 올랐지만 미국 주식투자를 제외하는 것은 현명하지 않다고 생각했다. 몇 년 전 미국 인덱스와 4차 산업, 헬스케어 펀드를 하긴 했지만 미국 주식형 ETF로 해야겠다는 생각에 미국기술주 ETF 종목을 검색했다. 그리고 가장 유명하고 잘나가는 세계적인 기술기업들을 묶어서 만든 KODEX 미국FANG플러스를 선택했다.

KODEX 미국FANG플러스 주요 구성 자산

- 알리바바그룹(인터넷 플랫폼 서비스)
- 바이두(검색엔진 플랫폼)
- 애플(미국의 전자제품 제조)
- 엔비디아(인공지능 컴퓨팅)
- 마이크로소프트(소프트웨어)
- 메타플랫폼(페이스북)
- 넷플릭스(스트리밍 미디어)
- 테슬라 모터스(전기자동차)
- 알파벳(구글의 모회사)
- 아마존닷컴(온라인 전자상거래)

한 주에 2만원 정도 소액으로 세계 최고의 기술을 가진 매우 비싼 주식들에 한 번에 투자할 수 있으니 투자금이 많지 않은 보통 사람들에게 ETF는 최고의 투자상품이다.

나는 100만원 미만의 투자금이었지만 세 번에 나눠 매수했고 두 달 정도 되니 15% 수익이 발생했다. 단기간에 급하게 오르면 그만큼 하락 가능성도 있어 '산이 높으면 골이 깊다'는 주식시장 격언을 떠올리며 매도했다. 적당한 욕심은 이득이 되지만 과한 욕심은 경험상 결국 후회를 불러온다는 사실을 잊지 않았고 무엇보다 원칙을 지키는 것이 중요했다. 그 후 더 상승했지만 나는 내 원칙을 지켰고 잃지 않았으니 작은 성공이라 생각한다.

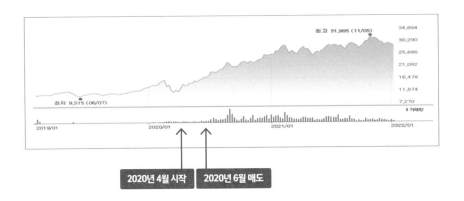

향후 나는 이 종목에 또 투자할 것이다. 단 현재 수준의 비싼 가격은 부담스러우니 내려서 안전 마진이 생기면 다시 시작할 생각이다. 그때가 6개월 아니면 1년 뒤일지 언제일지는 정확하게 모른다. 하지만 잊지 말아야 할 것은 아무리 좋은 것도 비싸게 사면 가장 불리한 것이 투자라는 사업이다. 어떤 투자 자산도 직선으로 오르기만 하고 직선으로 내리기만 하는 것은 없다. 항상 파도처럼 오르락내리락 변동성이 있다. 그래서 투자하고 싶은 종목이 과하게 올라 비싸지면 투자의 세계에 머물러 있으면서 최소한의 돈으로 비교적 비싸지 않은 투자상품에 투자하거나 아주 적은 돈으로 찔끔찔끔 적립을 한다. 그러다 보면 가격이 내리는 때는 반드시 온다.

이런 테마 ETF 종목은 지수 ETF와 달라서 변동성이 크기 때문에 항상 많이 버는 것보다 잃지 않고 7% 이상 수익에 만족한다. 단기투자수익을 얻는 소확행을 경험하며 투자의 재미를 느낄 수 있어서 좋다. 이런 식으로 연습투자 종목이 늘 때마다 ETF 투자에 대한 패턴 인식은 점점 더 잘되고 마음도 더 편안해져 ETF 투자의 저렴한 수수료와 편리함이라는 매력에 빠지게 된다.

게다가 목표수익에 도달한 ETF 종목을 매도한 후 다시 어떤 ETF 종목을 해야 할지 고르는 것도 수익만큼 재미있다. 많고 많은 ETF 종목 중 투자하고 싶은 것이 너무 많다는 사실이 선택 장애를 빈번하게 만들지만 내가 스스로 고른 ETF 종목이 수익이 나면 수익뿐만 아니라 내 생각이 틀리지 않았다는 사실도 확인하니 기분이 좋다. 물론 생각보다 수익이 나지 않고 부진한 종목도 있지만 적은 돈으로 여러 개로 나눠 분산투자하니 전체 포트폴리오 손실은 얼마든지 무시할 수 있을 정도로 미미하다. 그래서 투자를 해놓고 기다리는 게 힘들지 않다.

25

투생의 수익실현 투자사례 ❸ 국내 테마 ETF

|투|자|사|례|

TIGER 헬스케어 - 수익률 9.8%

2019년 봄 코오롱 인보사 사태로 바이오 섹터가 급락했을 때 운전하며 라디오 뉴스만 켜도 한동안 코오롱티슈진이라는 제약회사의 관련 뉴스가 흘러나왔다. 투자자의 가장 좋은 친구는 나쁜 뉴스라는 말을 기억하며 바이오 헬스케어 분야는 미래가 밝다고 생각해 TIGER 헬스케어 ETF 투자를 시작했다.

코오롱티슈진이라는 제약회사의 인보사 문제로 한동안 바이오 헬스케어 분야 전체가 급등 후 서서히 거품이 빠지고 있었는데 내리고 또 내려 1년 가까이 오르지 않았다. 미국이나 일본 같은 선진국과 달리 우리나라 헬스케어 분야는 상대적으로 수준이 낮고 옥석을 가리기 힘든 회사들이 많은 상태라는 상식만 신문을 통해 알고 있었다. 하지만 전 세계적인 인구 고령화로 이 분야의 발전은 계속될 수밖에 없다는 생각에 변동성이 크지만 망설이지 않고 사서 모았다. 예전에 DB바이오 펀드를 투자했던 경험도 도움이 되었다.

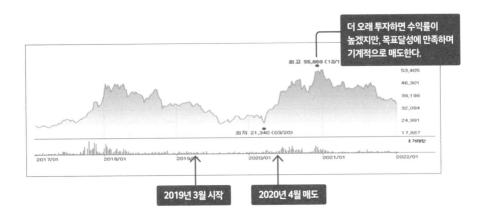

더 오래 투자하면 수익률이
높겠지만, 목표달성에 만족하며
기계적으로 매도한다.

최고 55,869 (12/1)

최저 21,340 (03/20)

2019년 3월 시작

2020년 4월 매도

TIGER 헬스케어 주요 구성 자산

- 셀트리온
- 삼성바이오로직스
- 셀트리온헬스케어
- 유한양행
- 에스디바이오센서

- SK바이오팜
- SK바이오사이언스
- 한미약품
- 씨젠
- 오스템임플란트

인터넷 포털 증권 섹션에서 검색하면 투자 중인 ETF 종목의 가격 추이와 주요 구성종목을 쉽게 알 수 있다. 투자 시작 때 가격 수준을 알기 위해 참고하고 매도할 때도 한 번 정도 본다.

TIGER 헬스케어 ETF는 3만 원 아래로 하락하면 비싸지 않다고 생각했고 이 가격대이거나 조금 내리면 분할로 매수했다. 물론 도중에 수익률이 마이너스인 상태가 몇 달간 계속되기도 했지만 1년 정도 지나 2020년 4월이 되니 9.8% 수익이 발생했다. 더 오래 투자했다면 수익은 더 높았겠지만 원칙을 연 7~10%로 정했기 때문에 욕심을 더 부리지 않고 모두 매도했다.

목표수익에 도달했는데도 매도하지 않고 수익률을 욕심내다가 어느새 마이너스 수익으로 갑자기 변동되어 후회한 적이 몇 번 있다. 그래서 목표수익으로 정한 은행이자 3~5배 수익이면 감사하는 마음으로 매도하는 것이 결국 잃지 않는 투자라고 생각하며 늘 실천한다.

국내 상장된 ETF 종목은 500개가 넘는다. 지금은 주저앉아 있지만 나중에 일어설 가능성 있는 ETF는 언제나 존재한다. 그냥 조금씩 1년 동안 적금처럼 모으다 수익이 발생하면 매도하고 다시 시작한다. 이렇게 적금처럼 ETF 투자를 할 때는 1~2년 적금한다고 생각하고 도중에 오르락내리락하는 수익률은 신경 쓰지 않는 마음 통제 훈련을 반드시 해야 한다. 물론 처음에는 마음이 생각과 항상 일치되지는 않는다.

투자는 처음에는 생각과 반대로 흘러가지만 시간이 흐르면 생각처럼 되는 경우가 대부분이다. 그래서 매일 투자 세계의 불변의 진리를 잊지 않기 위해 한 시간 정도 신문과 책을 가까이하고 간단하게 정리하고 투자기록도 틈틈이 남긴다.

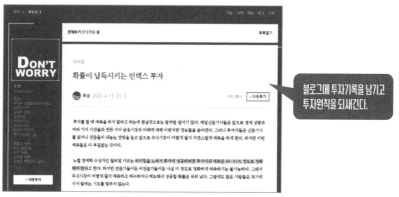

투생 블로그 주소(blog.naver.com/kateopera)

TIGER 미디어컨텐츠 - 수익률 7%

TIGER 미디어컨텐츠를 선택한 이유는 넷플릭스를 시작으로 우리나라에 글로벌 제작사가 투자해서 만든 드라마가 세계 최고의 인기를 얻고 있을 뿐만 아니라 우리나라 가수들의 팬도 전 세계에서 계속 증가하고 있기 때문이다. 이제 미디어콘텐츠 분야는, 우리나라가 세계적으로 경쟁력 있다는 사실은 누구도 부정할 수 없고 앞으로도 이런 추세는 계속될 것이니 전망이 좋은 분야다.

가격도 심하게 급등한 상태가 아닌 것으로 판단이 섰다. 목표는 최소 7%였고 생각보다 빨리 목표수익에 도달했다. 3개월 만에 목표수익에 도달해 모두 정리했다. 더 많은 돈을 더 오래 투자했더라면 더 벌었을 것이다. 하지만 어느 정도까지 오를지 모르기 때문에 항상 목표수익에 도달하면 모두 매도하고 후에 다시 시작한다.

소액 반복투자를 하며 비과학적이지만 나름의 기준을 적용한다. 전망이 나쁘지 않고 가격대가 이 정도면 비싸지 않은 것 같다고 혼자 판단을 하는데, 맞는 경우도 있고 틀리는 경우도 있다.

ETF 종목을 선택하고 투자를 시작할 때 단기간에 큰 상승이나 하락을 할 경우 반드시 그 평균값으로 되돌리려는 경향인 '평균으로의 회귀' 법칙을 생각한다. 하지만 미래가 유망한 종목이라면 최근 3년 동안 가장 높은 가격과 가장 낮은 가격을 비교해보고 중간 정도 가격이면 투자해도 크게 위험하지 않다고 여기며 기다린다.

이 종목도 계속 관심을 갖고 지켜보다 조금씩 다시 매수하기 시작했다. 단, 가격이 높은 편이라 적극적으로 많이 사지는 않는다. 한 달에 5만원 정도 매수하고 있다. 가격이 꽤 올라 자주 매수하지는 않고 가끔 코스피지수가 많이 내린 날 조금씩 매수한다. 주식시장이 전반적으로 안 좋으면 대부분의 주식이 내리고 주식들이 포함된 ETF 종목도 내린다.

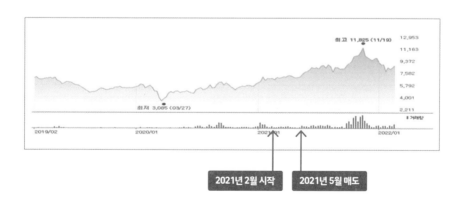

TIGER 미디어컨텐츠 주요 구성 자산

- 에스엠
- JYP Ent.
- CJ ENM
- 스튜디오드래곤
- 하이브

- 와이지엔터테인먼트
- 위지윅스튜디오
- CJ CGV
- 제이콘텐트리
- 덱스터

1만원 미만의 소액으로 유명한 국내 다수의 최고 엔터테인먼트 주식들에 자동분산투자할 수 있다.

KODEX 2차전지산업 - 수익률 20%

너무 오르기만 해서 관심만 갖고 있었던 KODEX 2차전지산업 ETF는 TIGER 미디어컨텐츠 ETF 매도 후 가격이 조금 하락했지만 여전히 높은 편이어서 조금만 매수했는데 얼마 안 있어 다시 올랐다. 그래서 투자금은 100만원 미만이었지만 수익이 20% 넘어 모두 매도했다.

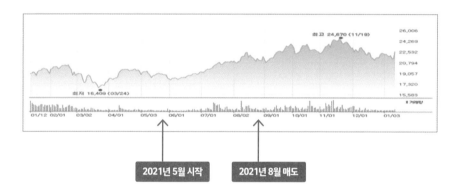

ETF는 잘 선택하면 ELS(DLS)보다 훨씬 적은 돈으로 적지만 꾸준히 수익을 얻을 수 있다는 사실을 반복해서 느끼다 보니 ETF를 잘 활용하면 매달 몇십만원 정도 월세 받는 것처럼 수익을 손에 넣을 수 있겠다는 생각을 하게 되었다.

ETF 하기 전 오랫동안 했던 이자쿠폰 연 6~10% ELS와 비교하면 투자에 들어가는 비용은 훨씬 적고 투자 기간도 훨씬 짧은데 더 높은 수익을 손에 넣을 수 있으니 ETF는 과연 최고의 투자상품이다. ELS는 500만원에서 1,000만원씩 나눠서 투자했지만 ETF는 100만원이나 300만원 정도로 이자쿠폰 6% ELS

에 500만원 청약해 6개월 조기 상환으로 얻는 수익보다 훨씬 더 수익이 좋다.

가성비를 따지면 ETF만 한 투자상품이 없다. 여러 번 연습하고 종목을 선택하는 안목을 키우면 적은 돈으로 소형 아파트 월세 수익 정도는 어렵지 않다. 단, 과한 욕심을 부리면 안 되고 항상 적당히 수익이 나면 정리해야 소액으로 꾸준히 수익을 손에 넣을 수 있다.

26

투샘의 수익실현 투자사례 ❹ 기타 ETF

|투|자|사|례|
KOSEF 미국 달러선물 - 수익률 5.2%

투자를 하며 어제의 승자가 오늘의 패자가 되기도 하고 오늘의 승자가 미래의 패자가 되기도 한다는 것을 늘 느낀다. 달러 ETF를 조금이라도 사 모은 이유는 주식시장과 반대로 움직이는 자산이기 때문이다.

우리나라는 소규모 개방경제구조 국가이기 때문에 외국인 투자자들이 국내 주식을 매수해 주식시장이 좋을 때는 달러 ETF가 내려가고 반대로 외국인들이 국내 주식을 매도해 주식시장이 하락할 때는 달러 ETF가 오른다. 주식시장이 좋을 때 달러를 사두면 후에 상황이 바뀌어 주식시장이 좋지 않을 때는 달러로 수익을 손에 넣을 수 있다.

올해 초 인플레와 금리인상 이슈로 주식시장이 하락하고 원 달러 환율이 1,200원을 넘어섰다. 그러자 ISA계좌를 개설하기 전 일반주식계좌에서 모아 왔던 달러 ETF 수익이 5% 도달했다. 가격이 비쌀 때 투자를 시작해도 매달 조금씩 분할매수하면 손실 위험은 크지 않다. 투자금 372만원에 수익 19만원 발생한 일반계좌 보유분을 매도했다. 2020년 코로나 대유행으로 전 세계 주식시장이 폭락했을 때 원 달러 환율이 1,300원을 넘었고 달러 ETF 수익률은 6% 정도였다. ISA계좌에도 7개월 전부터 사 모으기 시작했고 현재 2% 남짓한 수익률이다. ISA계좌에서는 수익이 비과세이므로 보유하며 조금씩 계속 사 모을 것이다. 주식시장이 호황이고 종합주가지수가 3,200을 넘었을 때는 한동안 마이너스였지만 한꺼번에 매수하지 않고 조금씩 분할매수하면 손실률은 심해야 -2% 정도였다.

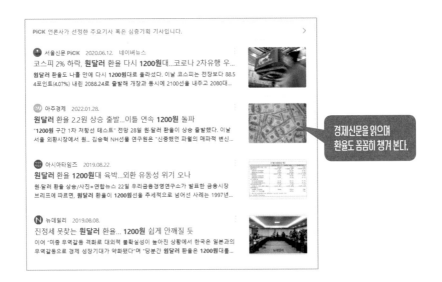

기타 ETF 종목인 달러 ETF는 주식형처럼 변동성이 크지 않기 때문에 수익률도 주식형과 다른 기준으로 5% 정도면 만족해서 포트폴리오 재조정 차원에서 정리했다. 투자기간은 1년 8개월 정도다. 아무것도 하지 않으면 아무것도 생기지 않는다. 농부들이 봄에 씨앗을 뿌려야 가을에 추수를 할 수 있는 것처럼 투자금을 분산해 여기저기 뿌려 두면 수익이 발생하는 때는 꼭 온다. 워런 버핏은 돈에게 일 시키는 방법을 모르는 사람은 죽을 때까지 일해야 한다고 말했다. 죽을 때까지 일하고 싶지 않으면 투자해야 한다.

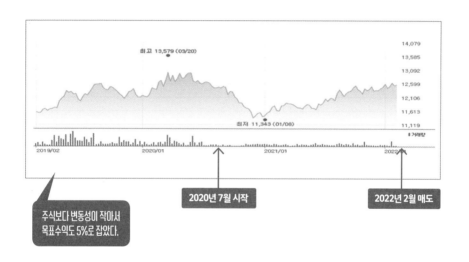

최고 13,579 (03/20)

최저 11,343 (01/08)

주식보다 변동성이 작아서
목표수익도 5%로 잡았다.

2020년 7월 시작

2022년 2월 매도

KODEX 골드선물(H) - 수익률 9.76%

금 투자에 대한 의견은 사람들마다 다르다. 워런 버핏은 금투자 반대론자의 대표적인 고수로, 금은 이자를 발생시키지 않기 때문에 투자하지 않는다. 내 경우는 2016년 금과 은 2자산을 묶어 만든 DLS상품에 간접적으로 투자한 게 처음이었다. 당시 국제 금 시세가 1,200달러 정도로 상당히 낮은 상태라 손실 볼 확률이 매우 낮다고 생각하고 DLS를 청약했었다. 그 후 금에 대해서 아는 것도 거의 없었고 투자할 다른 것들도 많은데 굳이 할 필요성을 느끼지 못했다. 그러다가 2017년 말 해외주식형 펀드가 비과세 일몰이 된다는 신문 기사를 읽고 일단 비과세 혜택을 받기 위해 해외펀드 계좌를 몇 개 만들었다.

그때 분산 차원에서 반대로 움직이는 자산인 금도 총 투자금의 10% 정도는 보험처럼 보유하기 위해 500만원 한도로 금 채굴 회사들에 투자하는 해외주식형 금펀드 계좌도 만들었다. 그 당시 주로 거래하던 증권사 직원은 금에는 투자하지 말라며 금은 아니라고 말했지만, 사실 경험해보지 않은 투자자산인 금에 대해 약간의 호기심이 있었다. 하지만 수익은 1년 6개월 정도 마이너스 상태였다. 그럼에도 꾸준히 소액으로 한 달에 5만원 정도 적립하고, 수익률이 나쁘면 두 배인 10만원을 가끔 추가 적립했다.

코스톨라니가 말했듯이 역시 투자는 처음에는 생각처럼 안 되어도 시간이 지나면 생각처럼 되었다. 2년 정도 지나 오르기 시작하더니 코로나로 세상이 흉흉해지니 2020년 금펀드 수익률은 79%까지 급등했다. 금, 달러 같은 안정자산은 위기 때 최소 50% 급등한다는 사실을 책에서만 읽었지 실제로 경험하니 역시 공부하고 투자하길 잘했다고 느꼈다. 물론 이때 금 펀드를 모두 환매했다. 그리고 금을 다시 보험처럼 총 투자금의 5%라도 보유하기 위해 수수료가 훨씬 더 싼 ETF 종목으로 조금씩 모았다. 다시 2020년 하반기부터 2021년 내내 주식시장이 활황이고 반대로 움직이는 금 ETF는 2년 가까이 약간 마이너스 상태였다.

경험이 최고의 스승이라고 나는 금펀드 경험으로 마이너스가 언젠가 플러스로 반전할 것이라 믿고 아주 조금씩 달러 ETF를 함께 매수했다. 그리고 2021년 말부터 인플레이션 심화와 세계주식시장 부진으로 금이 조금씩 빛나기 시작했다. 금 ETF 수익은 10% 가까이 도달했다. 인플레이션 때문에 금이 계속 오른다는 기사가 많지만 금리가 오르면 또 어떻게 될지 모르기 때문에 금 ETF는 모두 매도하고 달러도 2분의 1정도만 매도했다. 전망은 전망일 뿐이고 2년 가까이 보유하다 수익이 났으니 다시 작은 성공이고, 분산투자는 선택이 아닌 필수라는 사실을 또 한 번 확신하게 되었다. 늘 깨닫는 진리는 투자는 내가 잘해서가 아니라 시간이 내게 수익을 만들어준다는 사실이다.

수익률이 나쁘면 매수하고 싶지 않고 수익률이 좋을 때는 매수하고 싶은 마음은 투자하며 늘 느끼는 감정이다. 하지만 오랫동안 별 볼일 없던 종목이 수익이 나면 '수익률 안 좋을 때 더 사둘걸 그랬네'라고 생각하고 후회하는 일도 여전히 반복적으로 느끼는 감정이다. 이래서 인간의 마음은 투자에 절대 불리하다고 행동 경제학 이론이 말해주나 보다. 투자는 뒷북을 치면 손실 볼 확률이 크다. 지금 당장 수익률에 신경 쓰지 말고 항상 멀리 보고 미리 씨 뿌리 듯 실천해야 거두어들일 수 있다. 나는 약간의 금 자산을 보유하고 있다. 2017년 비과세 금 펀드를 환매했지만 계좌를 살려두어 여전히 한 달에 1만원 정도 소

액으로 보험처럼 적립한다. 그러면 또 언제인지는 몰라도 위기 때 반짝반짝

빛날 것이다.

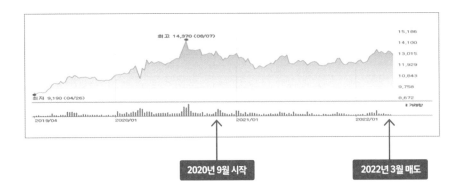

투자기록으로 스스로 투자법 구축

가계부를 쓰면 수입과 지출이 한눈에 보이고 자신의 불필요한 지출을 감소시켜 저축을 늘일 수 있는 것처럼 투자한 사항도 사진을 찍거나 메모해서 흔적을 남기면 그 기록을 다시 봄으로써 자신의 투자 스타일을 분명하게 알게 된다. 미리 마음먹고 어떤 투자상품에 적립을 시작했는데 꾸준히 하고 있지 않다면 기록할 것이 없다. 하지만 기록을 하면 실천을 더 잘하게 된다. 게다가 스스로 메모한 것을 후에 다시 보면 투자 성공과 실패의 원인을 더 잘 깨닫게 되고 그로 인해 어떻게 하면 효과적인지 스스로 투자방법도 배우게 된다.

즉 기록하다 보면 아이디어와 조언이 스스로에게서 자연스럽게 나오게 되어 자신만의 투자방법을 구축하게 된다. 투자기록은 주먹구구식이 아니라 투자를 더 야무지고 제대로 하게끔 한다.

종종 신문을 읽다가 어떤 펀드나 ETF가 좋다고 생각해 '꼭 해야지' 하고 메모해두고는 하지 않았는데 몇 달 뒤 엄청나게 올라 신문기사에서 본 적이 몇 번 있다. 일단 시작을 해야 일이 진행되고 결과물도 생겨나는데 기사를 읽을 당시엔 꼭 하겠다고 결정해 탁상용 달력에 펀드나 ETF 이름을 써두기만 하고 신경 쓰지 않으니 또 깜박 잊고 행동으로 이어지지 않게 된다. 이런 일들이 반복되니 성격은 급한데 정작 투자 실행에는 미적대는 바람직하지 못한 태도를 고치고 싶었다. 몇 번 이런 경험을 통해 태도를 바꾸려고 마음먹고 투자에 대한 기록만 하는 노트를 만들어 간단히 메모를 하기로 했다.

투자는 실행의 문제이고 기록하면 실행을 더 잘하게 된다. 어떤 투자상품에 투자를 시작할 때 매달 어떻게 적립을 하고 목표수익률에 도달할 때까지 결정한 대로 꾸준히 투자하겠다며 시작하지만 막상 생각처럼 실천 안 될 때도 많다. 그래서 A4용지 절반 크기 노트를 항상 눈에 잘 띄게 소파

테이블에 두고 내가 투자하는 펀드나 ETF에 대해 간략하게 쓰고 투자 내용을 기록한다. 기록하며 처음 계획처럼 실천하고 있지 않다고 생각되면 다시 스스로를 다잡을 수 있다. 이런 식으로 기록을 해보니 더 체계적으로 투자를 하게 되었다. 투자기록을 해보면 '기록하면 좋다'에서 '반드시 그래야 한다'로 생각이 바뀐다.

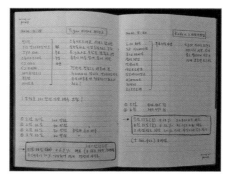

투자는 공학이다

성공하는 투자법은 의외로 단순하다

대부분의 사람들은 특별한 투자방법이 따로 있을 것이라 생각한다. 나도 그랬다. 하지만 투자방법은 매우 단순해서 모르는 사람이 없다. 한 투자의 고수는 그냥 CMA에 현금을 유지하다가 이때다 싶을 때 드물게 투자하는 것이 자신의 방법이라고 한다. 누구나 다 아는, 쌀 때 사서 비쌀 때 파는 투자법이다. 문제는 쌀 때가 언제고 비쌀 때가 언제인지를 하루아침에 감 잡을 수 없다는 것이다.

그런데 나처럼 투자에 재능과 감각이 없어 그때를 알 수 없는 사람도 꾸준히 적은 돈을 저축하듯 투자하면 연 7~10% 수익은 어렵지 않다. 학습과 경험이 누적될수록 감각이 더 좋아져 손실은 더 줄고 자연스럽게 수익은 점점 높아진다는 것은 말할 필요도 없다.

오래전 한 증권사에서 '금융공학펀드'를 가입한 적이 있었다. 당시에는 펀드 이름에 왜 공학이라는 단어가 들어가 있는지 잘 알지 못했지만 신문광고 문구가 그럴듯해서 가입했다. 한참 지나서야 공학은 문제를 발견하고 이에 대한 기술적 해결책을 제시하는 학문이고 금융공학은 재무학, 통계학, 수학, 계량 경제 등의 여러 학문분야가 어우러진 첨단학문이라는 사실을 알게 되었다.

몇몇 고수들은 투자를 미묘하고 직관적이며 복잡해서 뭐라 말로 표현하기 어렵기 때문에 예술이라고 한다. 당연히 대부분의 사람들은 고수들처럼 예술 같은 멋진 투자를 할 수는 없다. 그러나 자신의 투자방식의 그릇된 '문제점'을 발견하고 이를 고치는 태도 즉, 투자를 공학으로 접근해 잘못된 행동을 피하면 평균 이상의 수익을 얻을 가능성이 매우 높아진다. 그래서 투자는 공학(工學, engineering)이다.

수익을 가져다주는 투자패턴을 실천하기만 하면 끝

공학이 가르쳐준 큰 교훈이 문제점에 대한 해결책 제시인 것처럼 금융공학은 오랫동안의 결과를 분석한 후 반복적인 패턴을 적용해 가장 큰 수익을 얻을 확률이 높은 방법을 그대로 실천하는 것이다. 다시 말하지만 1만원이라도 남보다 하루라도 먼저 투자하고 비가 오나 눈이 오나 꾸준히 투자하는 것이 복리효과로 투자수익을 얻는 가장 쉬운 방법임을 금융공학이 제시해주고 있다. 금융공학을 바탕으로 하는 투자법이 생각처럼 복잡하거나 어려운 방법이 아니라서 허탈할 지경이다.

복리가 수익을 점점 커지게 하도록 시간과 같은 편이 되어 존 보글의 말처럼 그냥 가만히 있기만 해도 시간이 수익을 만든다는 사실을 이해하고 납득할 수 있으면 투자를 피할 이유가 없다.

수익의 작동원리 3요소 - 복리, 기하평균, 손익비대칭
·····································

대박보다 손실 최소화가 더 중요!
투자수익의 작동원리를 이해하기 위해 알아야 할 기본적인 3가지 사항이 있다. 바로 복리와 기하 평균 속성 그리고 손익비대칭의 원리다.

복리는 한 방향으로 계속 움직이면 올라갈 때는 훨씬 더 올라가고 떨어질 때는 덜 떨어진다. 하지 만 오르락내리락 지그재그로 움직이면 손실이 훨씬 더 커진다. 게다가 적은 돈을 길게 모으면, 눈 사람 만들 때 주먹 크기의 눈 뭉치를 계속 굴리면 어느 순간 엄청나게 커지는 것과 같은 시점이 온다.

주의해야 할 점은 투자수익은 복리로 움직인다고 했는데 다른 말로 기하평균으로 움직인다는 뜻 이다. 우리가 잘 알고 있는 평균 점수, 평균 소득, 평균 수명 같은 산술평균은 모두 더한 값을 총수 로 나눈 것, 즉 더한 값의 평균이고, **기하평균**은 모두 곱한 값을 총수만큼 제곱근 씌운 곱한 값의 평균이다. 같은 수익률이라도 기하평균 효과로 투자금이 많을수록 수익률은 더 낮아진다.

그래서 몇 번 큰 성공 후 자만심으로 겸손하지 못한 투자자는 대담한 투자를 하고 한 번의 큰 실 패로 한순간 모든 돈을 다 잃을 수 있다. 즉 큰 수익을 내고 크게 손실 보는 고변동, 고위험 투자방 법은 생각하는 것처럼 고수익의 결과가 되지 않는다. 오히려 수익과 손실 간 차이가 계속 크게 발 생해서 수익률이 급격히 감소한다.

다시 말해 수익률이 들쑥날쑥할수록 산술평균에서 멀어진다. 즉 변동성이 커지면 기하평균은 작 아져서 수익이 낮아진다. 이런 수리적 구조로 인해 큰 수익과 큰 손실을 반복하면 결국 투자는 망 한다. 반복 투자에서 기하평균의 의미를 정확히 모르면 투자수익에 대한 큰 오해를 하게 된다.

50% 수익을 내고 50% 손실을 냈을 때 본전으로 생각하면 산술평균이고, 기하평균은 25% 손실 이다. 일반적으로 산술평균값은 기하평균값보다 작다. 산술평균과 기하평균이 유일하게 같은 경 우는 5% 수익 후 5% 손실이 났을 때다. 하지만 수수료를 지불해야 하니 정확하게 투자는 매우 적지만 손실이다.

산술평균과 기하평균이 같은 유일한 경우

수익률 변화	투자금 10,000원 수익 변화에 따른 손실 금액	산술평균 (더하기 평균값)	기하평균 (곱하기 평균값)
+5% → -5% 저변동	10,000 → 10,500 → 10,000원 5% 수익 후 5% 손실 수수료 지불해야 해 실제 아주 조금 손실	0%	0%
+20% → -10%	10,000 → 12,000 → 10,800원 20% 수익 후 10% 손실이면 800원 (+8%) 수익?	+5%	+3.9%
+50% → -50% 고변동	10,000 → 15,000 → 7,500원 50% 수익 후 50% 손실	0%	-25%

왜 원금을 회복하려면 두 배의 수익을 올려야 할까?

다음 표를 보면 손실률에 대한 원금을 복구하기 위해 필요한 수익률을 알 수 있다. 산술평균으로 계산하면 손실률과 원금 복구에 필요한 수익률은 같지만 손실도 복리로 움직여 기하평균으로 계산해야 하기 때문에 손실이 나면 복구에 필요한 수익률은 손실이 커질수록 엄청나게 큰 차이가 생긴다. 투자 원금의 절반을 손실을 보면 원금을 회복하기 위해 두 배의 수익을 올려야만 같아진다는 '-50=+100의 법칙'도 바로 이런 사실을 잘 설명해준다. 즉 큰 수익을 버는 것보다 적은 수익을 얻더라도 잃지 않는 것이 중요하다는 것이 투자의 법칙이다. 워런 버핏의 '투자금을 잃지 말라'는 투자원칙도 바로 손실을 최소화해서 원금을 지키는 것이 성공투자의 핵심이라는 사실을 내포한다.

손실률(%)	원금 복구 필요 수익률(%)	손실률(%)	원금 복구 필요 수익률(%)
1	1	50	100
5	5	55	122
10	11	60	150
15	18	65	186
20	25	70	233
25	33	75	300
30	43	80	400
35	54	85	567
40	67	90	900
45	82	95	1,900

기하평균 효과
자산 수익과 손실 간 차이가 계속 크게 발생하면 수익률이 급격히 감소한다.

손익 비대칭의 원리
손실 복구를 위한 수익은 손실보다 훨씬 더 커야 한다. 동일 수준 수익도 변동성이 작으면 실제 더 큰 수익이 된다.

과거의 기준을 버려야
살아남을 수 있다

2008년 미국발 세계금융위기 이후 전 세계적으로 국가부채가 급증하면서 저성장, 저물가, 저금리 그리고 고실업률의 시대가 되었다. '새로운 기준'을 의미하는 '뉴 노멀' 시대가 된 것이다.

예전의 '올드 노멀' 시대에는 예금과 적금만으로 충분히 노후준비를 할 수 있었고 투자는 소수의 사람들만 했었다. 그러나 현재는 다르다. 많은 사람들이 100% 원금 보장되는 예·적금보다 원금 손실을 감내하면서 높은 수익을 거두는 투자로 관심을 기울인다. 하지만 선뜻 실행하지 못하는 사람들이 대부분이다.

손실 최소화는 물론 높은 수익을 거둘 수 있는 ETF 투자

물론 '원금 손실'이라는 큰 장애물을 완전히 제거할 방법은 없다. 그러나 투자의 역사를 공부하고 검증된 방법을 꾸준히 실천하면 원금 손실을 막을 안전장치를 마련할 수 있다.

ETF로 예·적금 이자의 최소 3배 정도 수익을 얻는 게 생각만큼 어렵지는 않다. 문제는 준비 없이 무작정 아무 곳에 돈을 집어넣는 것이다.

투자에 대해 아는 것이 거의 없었던 과거의 나도, 오랫동안 투자하며 돈을 잃을까봐 전전 긍긍했었다. 하지만 본격적으로 ETF 공부를 시작하면서 투자손실에 대한 두려움에서 벗어 날 수 있었다. 나 같은 보통 사람도 단순하고 실천하기 쉬운 방법으로 얼마든지 투자할 수 있 다는 사실을 알았을 때 느꼈던 안도감은 마치 지고 다니던 무거운 짐을 벗어버린 느낌이었다.

투자에 대한 두려움의 실체는 '알지 못하는 것'

투자에 대한 두려움의 실체는 바로 '알지 못하는 것'이다. 코로나에 대해 느꼈던 엄청난 두려움은 바로 이제까지 경험한 적 없는 알 수 없는 새로운 전염병이기 때문이다. 하지만 1년이 넘게 지나고 우리는 코로나의 실체를 점점 더 잘 알게 되었다. 다양한 대책을 마련하 고 익숙해지면서 두려움의 정도는 훨씬 더 작아졌다. 투자도 마찬가지다. 우리가 투자에 대 해 모를수록 두려움의 정도는 훨씬 더 커지지만 실체를 알고 스스로 대처할 수 있으면 두려 움은 옅어지거나 저절로 없어진다.

시대가 변했고 투자에 대한 관심은 점점 더 증가하고 있다. 스스로 투자를 하고 싶은 마 음은 간절하지만 수준에 맞고 이해하기 쉬운 책을 찾지 못해 답답한 사람들이 많다. ETF 공 부를 시작할 때 초보자들도 쉽게 읽을 수 있는 책이 있으면 좋겠다는 생각을 했다.

개인적으로 가장 바라는 점은 이 책을 읽는 독자들이 어려워서 도중에 책을 내려놓지 않 았으면 하는 것이다. 무엇보다 내가 겪었던 답답함을 이 책을 통해 더 쉽게 그리고 더 빨리 떨쳐버릴 수 있기를 바란다.

투생

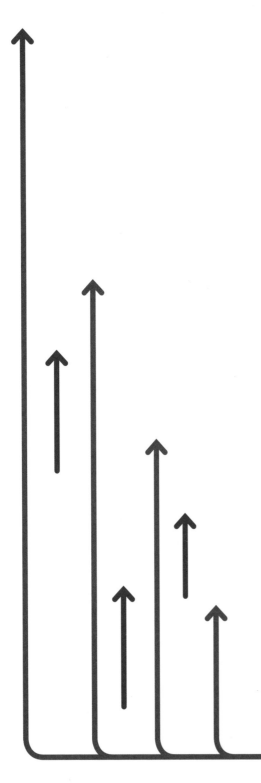

돈이 된다! ETF 월급 만들기

부록

투생 추천!
베스트 ETF

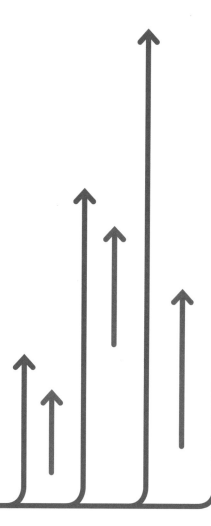

 돈이 된다! ETF 월급 만들기

국내/해외지수형 ETF

유형	종목명	코드번호	시가총액	보수	자산운용사
국내지수	KODEX 200	069500	5조5,279억원	연 0.150%	삼성
	KODEX MSCI KOREA TR◆	278540	4,643억원	연 0.090%	삼성
	TIGER 200	102110	2조976억원	연 0.050%	미래에셋
전략지수	KODEX 200 가치저변동	223190	172억원	연 0.300%	삼성
해외지수	KODEX 미국S&P500TR	379800	2,990억원	연 0.050%	삼성
	TIGER 미국S&P500	360750	1조3,414억원	연 0.070%	미래에셋
	KODEX 미국나스닥100TR	379810	2,750억원	연 0.050%	삼성
	TIGER 미국테크 TOP10 INDXX	381170	1조6,630억원	연 0.490%	미래에셋
	ACE 미국 S&P500	367380	5,695억원	연 0.070%	한국투자
	KODEX 차이나CSI300	283580	1,007억원	연 0.120%	삼성
	TIGER 차이나CSI300	192090	1,973억원	연 0.630%	미래에셋
	KINDEX 중국본토CSI300	168580	2,091억원	연 0.700%	한국투자
	KODEX 차이나A50	169950	308억원	연 0.120%	삼성
	KODEX 차이나H	099140	617억원	연 0.120%	삼성
	TIGER 차이나HSCEI	245360	625억원	연 0.350%	미래에셋
	KOSEF 인도Nifty50(합성)	200250	587억원	연 0.490%	키움투자
	KINDEX 러시아MSCI(합성)	265690	90억원	연 0.500%	한국투자
	KODEX 차이나심천 ChiNext(합성)	256750	490억원	연 0.470%	삼성

◆ **TR**: TR은 Total Return의 약자. 배당을 분배금으로 주지 않고 재투자해서 복리효과 추구하는 상품

섹터/테마형 ETF

유형	종목명	코드번호	시가총액	보수	자산운용사
섹터/테마	KODEX 반도체	091160	2,371억원	연 0.450%	삼성
	KODEX 2차전지산업	305720	1조1,770억원	연 0.450%	삼성
	TIGER 2차전지테마	305540	1조1,400억원	연 0.500%	미래에셋
	TIGER 미디어컨텐츠	228810	1,199억원	연 0.500%	미래에셋
	TIGER 헬스케어	143860	1,439억원	연 0.400%	미래에셋
	SOL 미국배당 다우존스	446720	3,875억원	연 0.010%	신한자산
	TIGER 미국 배당 다우존스	458730	3,458억원	연 0.010%	미래에셋

리츠/파생, 기타 ETF

유형	종목명	코드번호	시가총액	보수	자산운용사
리츠	TIGER 미국MSCI리츠(합성H)	182480	1,888억원	연 0.240%	미래에셋
	TIGER 리츠부동산인프라	329200	1,390억원	연 0.290%	미래에셋
파생	TIGER 구리실물	160580	258억원	연 0.830%	미래에셋
	KBSTAR 미국S&P원유생산기업(합성H)	219390	348억원	연 0.250%	케이비
기타	KOSEF 미국달러선물	138230	356억원	연 0.370%	키움투자
	ACE KRX 금현물	411060	1,146억원	연 0.500%	한국투자
	KODEX 골드선물(H)	132030	2,386억원	연 0.680%	삼성
	TIGER 미국채10년선물	305080	846억원	연 0.290%	미래에셋

* 투자 전 교육 이수하고 수료증 받아야 할 수 있는 초고위험 레버리지·인버스 ETF는 개인적으로 비추천 종목이니 목록에서 제외

1억을 모았습니다

월재연 슈퍼루키 지음 | 14,000원

월재연 80만 회원 열광!
1억이 2억 되고 2억이 4억 된다

- 월재연 슈퍼루키 10인의 1억 재테크 성장기
- 10인 10색의 생활밀착형 재테크 노하우 대공개!

★ 왕초보도 따라할 수 있는 '진짜' 노하우 대공개!
1. 절약 · 저축으로 1억 모으기!
2. 주식 · 펀드로 1억 모으기!
3. 부동산 투자로 1억 모으기!

맘마미아 21일 부자습관 실천북

맘마미아 지음 | 12,800원

독하게! 21일 후!
부자가 된다!

- 나에게 맞는 부자습관, 고르기만 하면 되는
  실천법 등장!
- 습관을 몸에 붙이는 21일 실천 플래너 수록!
- 국내 최초 O2O 솔루션으로 전국 실천모임 진행!

나는 월급날, 비트코인을 산다

봉현이형 지음 | 20,000원

**10년 가까이 비트코인을 투자한
봉천동의 현인 봉현이형!**

- 국내 최초! 비트코인 대중 투자서!
- 월 5천원부터 투자 가능!
  속 편한 비트코인 적립식 투자법!
- 알트코인은 패스 오직 비트코인만 투자하는 이유!

나는 월급날, 주식을 산다!

봉현이형 지음 | 17,000원

**네이버 인기 인플루언서 봉현이형 투자법
월 33만원 초우량주가
10년 후 부를 좌우한다!**

- 재무제표 몰라도, 차트분석 안 해도
  주식투자 할 수 있다?
- 사회초년생부터 네임드까지 열광한
  〈봉현이형 투자법〉 3단계 실천!

돈이 된다! 급등주 투자법

디노(백새봄) 지음 | 18,800원

월재연 80만 회원 열광, 한경TV가 주목!
월수익 500만원 디노의 급등주 투자법

- 급등주로 매달 수익실현! 돈 뭉치가 2배속으로 커진다!
- 손절 없는 물타기 신공부터 차트 보는 법까지 총망라!
- 디노의 낚싯대 매매법은 최고의 복리투자!
  ❶ 단계 – 재무제표, 가격, 수급/심리, 재료로 급등신호 포착하기
  ❷ 단계 – 10~20개 종목에 분산투자하기.
     단, 현금 10% 보유 원칙을 지킨다.
  ❸ 단계 – 목표 수익 10%에 도달하면 무조건 매도하기

돈이 된다! 주식투자

김지훈 지음 | 24,000원

삼성전자만큼 매력적인
똑똑한 성장주 39 대공개!

- 돈 버는 산업도 내일의 금맥도 한눈에 보인다!
- 차트도 재무제표 분석도 어려운 왕초보도 OK!
- 〈포스트 코로나 투자 리포트〉 무료 쿠폰 제공!

★ 네이버 최고 기업분석 블로거의 족집게 과외 3단계!
1. 좋아하는 기업을 찾는다.
2. 뒷조사를 한다.
3. 가장 쌀 때를 노린다.

돈이 된다! 쿠팡

엑스브레인 지음 / 22,000원

국내 최고 쇼핑몰 전문가!
엑스브레인의 쿠팡 입문서!
| 5일 코스! |

- 쿠팡윙+로켓그로스+로켓배송 완전정복!
- 1등 판매자가 알아야 할 매출 급등 비법
- 아이템위너 / 검색어(태그) / 상세페이지 / 상품등록 /
  카달로그 매칭 / 광고 최적화

우리 아이 주식부자 만들기

박현아, 서창호 지음 | 17,000원

자녀주식 계좌! 수익률 200% 달성!
유튜브 '알고TV' 통해 복리의 기적 공유!

- 미성년 자녀를 위한 주식투자 4단계 실천법!
- 계좌개설부터 현금증여, 절세, 종목선정,
  경제교육까지!

부록 | 2년 만에 경제인플루언서가 된 엄마의 공부법